この1冊、ここまで読むか！

超深掘り読書のススメ

鹿島茂 フランス文学者 ALL REVIEWS主宰
楠木建 NETFLIX コンテンツ帝国の野望
成毛眞 絶滅の人類史
出口治明 論語
内田樹 ルイ・ボナパルトのブリュメール18日
磯田道史 日本を襲ったスペイン・インフルエンザ
高橋源一郎 9条入門

祥伝社

まえがき

私は二〇一七年の七月から、新聞、週刊誌、月刊誌などの活字メディアに発表された書評を再録するインターネット無料書評閲覧サイト「ＡＬＬ ＲＥＶＩＥＷＳ」を運営しています。

創設の動機の一つは、遠い将来、紙の本というものが一切、出版されなくなり、古本として残された本も廃棄される運命にあるのではないかと強く危惧したことにあります。これまでに出版された本は無限にありますから、デジタル情報として残すべき価値のある本と、それ以外の本をトリアージ（命の選別）にかけなければならない日がくることは目に見えています。

そのトリアージの際、デジタル情報として、ある本の書評が残っていれば、その本は保存すべき価値のあるものと認められて救われることになるでしょう。しかし、反対に書評がいっさいなければ（あるいは書評が書かれていても、それが発見できなければ）、その本は価値を認められずに永遠に忘却の淵に沈んでしまうに違いありません。実際、文学賞や学芸賞の一次選考では、書評のあるなしがふるい落としの基準になっているのです。

ところで、書評というものは新聞、週刊誌、月刊誌などのジャーナリズムが生存媒体ですから、本よりも消滅するのは早く、いざデジタル化しようと思ってもすでにどこにもなくなっていることが少なくありません。ならば、その消滅が訪れるよりも早く、危機感をもって書評のデジタル化を進めなければなりません。書評がデジタル化されているか否かが本のトリアージの基準になる可能性がある以上、これは喫緊(きっきん)の課題です。

もう一つの動機は、それほど遠い未来のことではなく、本の置かれている現状の分析から生まれたものです。本というものは、現在、大量生産・大量消費のシステムに組み入れられています。毎日、おびただしい数の本が出版され、数カ月、いや数週間、書店の店頭に並んだだけで返品されてしまいます。ネット書店でも「品切れ」のマークがついたら同じことです。本はいまや完全に消費財となっているのです。

しかし、私が子どもの頃は違いました。本は消費財ではなく、電化製品と同じような耐久消費財でした。つまり、いったん購入したら少なくとも一〇年以上は手元において大切にすべきものでした。また、耐久消費財であったがゆえに、本は新刊書店の棚にロングセラーとして長く留(とど)まり、古本となってもしっかりとリサイクルされていました。ところが、高度成長とともに、本も短命な消費財となり、すべて読み捨てられ、あっという間に書店の店頭から姿を消すようになったのです。その結果、どれほどの傑作、力作、基本文献であろうと、書店でその姿を見ることのできないものとなってしまいました。

私はこの「本の消費財化」をなんとか食い止めて、耐久消費財に戻す方法はないかと熟考を重ねました。思いついたのは、過去に書かれた書評をデジタル化してアーカイブとして保存することでした。こうしておけば、いま書店の店頭にある本だけではなく、出版社の倉庫に眠っている過去の優れた本にも陽が当たり、ふたたび生きた本になるに違いないと考えたのです。

パソコンで、あるいはスマートフォンなどで書評に容易にアクセスできるならば、読者は書評で知った本をリアル書店ないしはネット書店などで探し出すことができるでしょう。いっぽう、書評家は過去に書いた力作書評をより多くの人に読んでもらえることになります。ＡＬＬ ＲＥＶＩＥＷＳではアフィリエイト（広告）収入の一部が書評家に還元されるシステムになっていますから、多少は懐（ふところ）が潤うでしょう。リアル書店もネット書店もこれによって利益を上げることができます。出版社も在庫を早くさばくことが可能になるはずです。

ひとことでいえば、誰も損をしないシステムなのです。

こう考えた私は、書評を書いている他の作家や批評家にも呼びかけ、ＡＬＬ ＲＥＶＩＥＷＳをスポンサーなしで立ち上げたのですが、やがて、思いがけぬ運営費用がかかることに気づきました。過去に書かれた書評を探し出し、これをデジタル化するだけでもかなりの労力と費用が必要となるのです。というのも、現在のＯＣＲ（光学式文字読み取り装置）の精度は完璧とはいいがたく、数パーセントの誤植が発生するからです。数パーセントの誤植というのは実はものすごい率で、これだけの誤植があったら、商品としては不合格です。となると、眼力での校正が不可欠となります。つまり、サイトにアップするためには人間が校正を行ない、見出しをつけ、レイアウトを施さなければならず、これが多大な出費に通じるのです。

また運営費はアフィリエイト収入で賄えるだろうと考えたのですが、これが大誤算でした。アフィリエイト収入は運営費の一〇分の一にも達しません。そのため、用意した資金はあっという間に底を尽き、一年もたたないうちにサイト閉鎖の瀬戸際まで追い込まれました。

どうしようと考えたとき、世のため人のためになる企てなら必ずどこかに賛同者がいるはずだと考え、その賛同者の方々にＡＬＬ ＲＥＶＩＥＷＳを資金的に支えるサポーターになっていただくほかはないと結論しました。こうして「ＡＬＬ ＲＥＶＩＥＷＳ 友の会」を立ち上げることになったのです。

「ＡＬＬ ＲＥＶＩＥＷＳ 友の会」とは毎月の会費（スタート時は毎月一〇〇〇円。現在は何次かの募集を経て月一六〇〇円）を払い込めば、会員としてＡＬＬ ＲＥＶＩＥＷＳが企画するさまざまなイベントに無料で参加できるというシステムです。さいわい、予想以上の方々が参加してくださったおかげで、ＡＬＬ ＲＥＶＩＥＷＳはなんとか難局を乗り切って、現在、四年目に突入しています。

また、もう一つ、ＡＬＬ ＲＥＶＩＥＷＳのネックとなっていた校正に関しては、ボランティアで手伝ってくださるスタッフを募集したところ、これまた予想を超えた応募者があり、運営を実質面で支えてくださることになりました。

ひとことでいえば、私とたった一人のスタッフで立ち上げたＡＬＬ ＲＥＶＩＥＷＳが友の会とボランティア・スタッフの方々の強力なサポートで支えられ、継続が可能になったのです。

さて、話が長くなりました。ここからが本題です。

この「ＡＬＬ ＲＥＶＩＥＷＳ 友の会」の会員向け限定企画としてスタートしたのが、本書のもとになった対談書評「月刊ＡＬＬ ＲＥＶＩＥＷＳ」です。これは、毎月、フィクション部門とノンフィクション部門でホストが「今月必読の本」を選んでゲストとともに深く読み込む対談を行ない、その模様をYouTubeで会員向けに放映するというレギュラー・イベントです。フィクション部門は私がホストとなっています。ノンフィクション部門は豊崎由美（とよざきゆみ）さんが、ホストとなっています。

取り上げる本は、話題の本、問題作、あるいはまったく知られていないが広く読まれてしかるべき本など、その回によってさまざまですが、ときには古典が登場することもあります。

ゲストとなるのは、取り上げる本に最もふさわしいとホストが判断した作家、批評家、専門家で、ＡＬＬ ＲＥＶＩＥＷＳに書評家として参加されている方もいらっしゃいます。ときには、著者に直接、お話を伺うということもあります。

こうして招かれたホストとゲストはシナリオなしのぶっつけ本番で批評的トークを一時間ほど行ないます。そのあとでYouTube生放送でご覧になっている視聴者の方々から寄せられた質問にホストとゲストが一五〜三〇分で答えるというかたちを取ります。

こうして、「月刊ＡＬＬ ＲＥＶＩＥＷＳ」がスタートしたのが二〇一九年一月のこと。現在までにフィクション部門、ノンフィクション部門とも、それぞれ二四回、合計四八回、ディープな対談書評が展開されました。この二四回のゲストと書評対象本のリストは巻末の付録に記しておきますが、じつに多彩な顔触れで、本の選択も的確だったと自画自賛しています。

「月刊ＡＬＬ　ＲＥＶＩＥＷＳ」の視聴は会員限定で、私がプロデュースした西麻布の書斎スタジオ「ノエマ・イマージュ・スタジオ」から生放送され、その後、アーカイブに保存されます。会員はリモート視聴ばかりでなく、ライブ参加も可能ですし、またアーカイブから視聴することもできます。ライブ参加希望者が多いときには、東京堂書店のホールを借りて収録を行なうこともあります。

ただ、いずれの場合も、あくまで会員向けの放映というのが目的ですから、YouTubeで生放送を一般公開する場合を除いて、原則、非公開となっていました。

私は、どの回もテレビの書評番組などではあり得ないほど充実した内容なので、アーカイブに保存されているとはいえ、このまま埋もれさせておくのはもったいないと感じ、書籍化の道を探ろうとしていたのですが、あるとき、一般公開の回を視聴された祥伝社の編集者・栗原和子さんから書籍化の提案を受けました。

まさに願ったりかなったりのオファーでしたので、渡りに船とばかりに応じて、ただちに録音されている音源を活字に起こす作業に取りかかりました。これにもまたボランティア・スタッフの方々が全面協力してくださることとなりました。

こうして「月刊ＡＬＬ　ＲＥＶＩＥＷＳ」がめでたく一冊の本にまとまったというわけです。

ただ、合計四八回行なわれた対談書評をすべて収めることは難しいということなので、とりあえず、私がホストとなったノンフィクション部門の六回分だけを収録しました。

しかし、こうして活字になったものを読むと、どの回も、ゲストの方々によって素晴らしくディープな読みが披露され、それをもとに活発な議論が交わされていることがわかります。ゲストの方々とのトークは本当に刺激的で、ひとりで対象本を読んでいたのでは気づきもしなかった観点や切り口が示されて驚くことがあります。これぞまさしく、対談書評の醍醐味でしょう。

しかし、いくら対談書評が面白いからといって、それだけで完結してしまうのはあまりにもったいないことです。対談の対象本に興味をもたれた読者は、ぜひ書店で実際に手に取っていただきたいと思います。書評の目的は、読まれるに値する本を強く推薦することにあるのですから、これは当然の願いです。そして読み終えたら、もう一度、本書をひもといていただけたら幸いです。理解がさらに深いところまで進むこと請け合いです。

それでは、本を愛し、書評を愛し、さらに、対談書評のトークも愛するすべての人に本書が届くことを願いつつ、「まえがき」の筆をおきます。

鹿島 茂

この1冊、ここまで読むか！［目次］

まえがき　鹿島 茂　3

第1章　楠木 建×鹿島 茂　18

『NETFLIX コンテンツ帝国の野望』——戦略のヒントが詰まった一冊

ただの郵便レンタルDVDの会社が身につけた現代的な強み　21
人々を旧作に誘導するにはどうすればいいか　25
一つの作品に何百ものタグを「人力」でつける　29
実話なのに話を面白くする役者が揃っている　34
超合理主義者ヘイスティングス　37
ネットフリックスがアメリカで成功したローカルな理由　40

成功した企業の「強み」は現在の姿だけ見てもわからない　42
考える題材が詰まっているからこそ「ためになる」ビジネス書　45
映画化するならこの「キャラ」が重要　50
さらに深掘り　楠木建が薦める関連図書　53

第2章

成毛 眞×鹿島 茂　54

『絶滅の人類史』――なぜ人類は生き延びたのか？

ヒトの犬歯はなぜ衰えたのか　57
一夫一婦制の成立と発情シグナルの因果関係　60
ホモ・サピエンスとネアンデルタール人の交配をめぐる謎　63
辺境ほど古いものが残る　68
役に立たない基礎科学こそ実は役に立つ　73
「川」を意味する「セーヌ」が固有名詞化？　76

辺境＝大酒飲み説の真偽　79
日・中・韓の家族類型　82
さらに深掘り　成毛眞が薦める関連図書　86

第3章

出口治明×鹿島 茂　88

『論語』――世界史から読む

ナポレオン三世とサン＝シモン主義　91
朱子学に対抗するために『論語』に立ち返った渋沢栄一　94
中国社会はなぜ流動性が高いのか　98
中国社会に孔子が登場した背景　102
「マナースクールの校長先生」としての孔子　105
「血統」と「礼儀」が社会を安定させる　108
文献学者であると同時に哲学者になった孔子　113

一色に染まらない「諸子百家」の多様性が中国の強み 117
四大文明は別々に生まれたのではない 119
明治維新の朱子学と戦後の工場モデルが日本を男尊女卑にした 123
さらに深掘り 出口治明が薦める関連図書 128

第4章 内田樹×鹿島茂

『ルイ・ボナパルトのブリュメール18日』――ジャーナリスト、マルクスの最高傑作 130
ジャーナリストとしてフランスの政治状況を分析 133
マルクス一流のレトリック 138
ヨーロッパからアメリカに亡命した「四八年世代（フォーティエイターズ）」 143
ナポレオン三世がいなければ第二帝政はわかりやすかった 148
ルンペン・プロレタリアートを嫌ったマルクス 153
マルクスの分析が効かないルンプロ 156

民主的な手順を踏んで達成した独裁制 160
第二帝政期のフランス経済はイギリスのGDPを追い越した 163
日本の明治の繁栄はナポレオン三世のおかげ 169
ワーグナーや印象派にも理解を示した怪帝ナポレオン三世 173
さらに深掘り 内田樹が薦める関連図書 179

第5章 磯田道史×鹿島 茂
『日本を襲ったスペイン・インフルエンザ』——記録は命を守る

180
歴史人口学の創始者が感染症の研究書を書いた理由 183
第二波の致死率が高かったスペイン・インフルエンザ 186
感染研究所のパーティで罹った原敬首相 191
船内の感染コントロールの難しさを伝える軍艦「矢矧」 194
「量」と「質」が研究の両輪 198

「不確実な未来」にどう備えるか　202
専門分野を超えたジェネラリストの多様な視点　207
博覧会と百科事典　209
真の意味での「撲滅」は難しい　212
さらに深掘り　磯田道史が薦める関連図書　216

第6章 高橋源一郎×鹿島 茂　218

『9条入門』――憲法と戦後史を改めて考える

ヴィシー政権と日本国憲法はどちらも「二重人格」だった　221
日本国憲法に対する「五つの意見」　225
幣原の「戦争放棄」をわざと拡大解釈したマッカーサー　228
アメリカはなぜ天皇訴追を回避したか　232
天皇発言も幣原案も「〇・五」が「一」にされた　236

日本人の記憶の書き換え 239
日本国憲法は九条までが「前文」だと考える 241
「選び直し」か「書き直し」か 244
相互主義とは「赤信号　みんなで渡れば　怖くない」のこと 248
「考える」とはどういうことか 251
さらに深掘り 高橋源一郎が薦める関連図書 254

装丁　竹内雄二
編集協力　岡田仁志
協力　由井緑郎（鹿島茂事務所）
「ＡＬＬ ＲＥＶＩＥＷＳ 友の会」及び「ＡＬＬ ＲＥＶＩＥＷＳ サポートスタッフ」有志

楠木 建（くすのき けん）

一橋ビジネススクール教授。

専攻は競争戦略。企業が持続的な競争優位を構築する論理について研究。大学院での講義科目はStrategy。一橋大学大学院商学研究科修士課程修了。一橋大学商学部専任講師、同大学同学部助教授、ボッコーニ大学経営大学院（イタリア・ミラノ）客員教授、一橋大学大学院国際企業戦略研究科助教授を経て、2010年から現職。著書に、『ストーリーとしての競争戦略：優れた戦略の条件』、『戦略読書日記』、『逆・タイムマシン経営論』（共著）など多数。1964年、東京都目黒区生まれ。

第1章

楠木建

『NETFLIX コンテンツ帝国の野望』——戦略のヒントが詰まった一冊

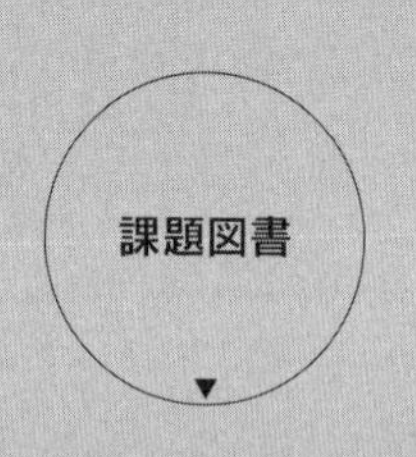

『NETFLIX コンテンツ帝国の野望：GAFAを超える最強IT企業』

彼らはなぜ動画配信の覇者となりえたのか。
テクノロジーとビッグデータを信じ、
過酷な競争文化で急成長を続けるテック企業。
その知られざる創業秘話から、
大胆な業態転換を経て頂点に上り詰めるまでの壮大な物語。

ジーナ・キーティング［著］
牧野洋［訳］
新潮社
2019年6月刊

ただの郵便レンタルDVDの会社が身につけた現代的な強み

鹿島　ネットフリックスは、いまや最大手のストリーミング映像配信の会社ですが、一九九七年頃に二人の若者が創業したときには、郵便を利用したレンタルＤＶＤの会社でした。ちょうどビデオがＤＶＤに変わった頃に、シリコンバレーの隣のスコッツバレーという町で出会った二人が、アマゾンを参考にして、本以外の商品とインターネット通販を組み合わせた事業を立ち上げようと考えたんです。

最初は、インターネットとレンタルビデオを組み合わせただけの誰でも思いつくようなアイデアでした。ところが、それがいまや「コンテンツ帝国」と呼ばれるほどになり、巨人ゴリアテに戦いを挑んだサムソンのごとく、アメリカ最大のビデオチェーンだったブロックバスターを駆逐してしまいました。こちらはもう倒産してしまったんですね。なぜ、取るに足らないアイデアしかなかった小さな企業が巨大産業といえるほどまで大きくなったのか。その謎を解き明かすのが、この『ＮＥＴＦＬＩＸ　コンテンツ帝国の野望』という本の眼目です。

この本がすごいのは、単なる一起業家の成功物語で終わらず、経営学の教科書にも使えるほどいくつもの新しい戦略や考え方のヒントが詰め込まれているところです。「資本はないけれどアイデアだけはある」という人は、この本を熟読することで種々の事業を立ち上げていくことができる、そういう本です。

著者はジャーナリストで、さまざまな関係者にインタビューをしています。倒されてしまったブロックバスターの経営者にもディープなインタビューを試みているし、もちろん、創業者のランドルフとヘイスティングスの二人にもインタビューをしています。最初にアイデアを思いついて実行したランドルフは途中で袂(たもと)を分かってしまうんですけれども、この人はもともと株式ジャーナリストだったようです。バランスシートを見る力もあります。アイデア勝負の企業は財政面で破綻するケースが多いんですが、彼らは最終的に財政の戦いにも勝ったわけです。ここは本書の大きな読みどころの一つ。本来、巨人に財政的に挑んで勝てるわけがないところを、いかに勝ったのか。そんなことも書いてあります。

楠木　私が二〇一九年に読んだいわゆる「ビジネス書」の中ではこれがいちばん面白かったので、今回ご提案しました。ビジネス書は基本的に「ためになる」ことを目的として出版されることが多いんですが、理想をいえば「面白くてためになる」のがいいわけです。それでもふつうは「ためになる」が先で、それをなるべく面白く伝えようとするという順番で考えるわけですが、この本は逆です。面白い本を書いたら、それが結果的に「ためになる」本にもなってしまった。読み物として非常に面白い。私は競争戦略という分野で仕事をしています。ブロックバスターを敵に回したネットフリックスの試行錯誤や七転八倒のプロセスがとりわけ面白く感じました。

多くの人が「面白い」と評価したビジネス書というと、二〇一七年だったか、ナイキ創業者フィル・ナイトの『SHOE DOG（シュードッグ）』（東洋経済新報社）という本がありました。僕も書評を書きました。面白いことは面白いのですが、それほどかな？と思ってたんです。ビジネス書を読むような人はあんまり「面白い本」を読んでいない人が多いのかもしれません。

鹿島　面白さのハードルがちょっと低いんですね。

楠木　そういうことです。ビジネス書を熱心に読む人は他のジャンルをあまり読まない人も多い。本の読み手としてはわりとウブなんですね。成功した企業の初期の歴史に焦点を当てたという点では『シュードッグ』と似ているんですが、この『NETFLIX コンテンツ帝国の野望』のほうがはるかに面白いと僕は思いました。ただ、ビジネス書は出版する側の美意識がきわめて希薄なセグメントでありまして（笑）。

鹿島　ああ、はいはい（笑）。

楠木　とにかく売りたくてしょうがない。この本の「コンテンツ帝国の野望」という副題までは許せるにしても、さらに「ＧＡＦＡを超える最強ＩＴ企業」と付け加えているのがね。これは、まったくこの本の中身と無関係です。で、それが関係ないところにこの本の価値があるんですよ。

　というのも、この本がカバーしている時間幅は創業の一九九七年から、いま皆さんがご存じのネット配信のネットフリックスが花開く前夜の二〇一一年までなんです。二〇一二年に出版された本の翻訳が遅れたんですね。ですから内容的には、リアルタイムで読まれたアメリカと違って、「昔話」になっている。ところが、そこが期せずしてこの本の価値を生んでいるんです。

　この本にはとってつけたような序章があって、みんなが「コンテンツ帝国だ」とか「ＧＡＦＡを超えるかもしれない」などと言っているネットフリックスの現在のことが書かれていますが、二〇〇〇年代のネットフリックスは基本的にただの郵便レンタルＤＶＤの会社でした。ところがその時期に現在のネットフリックスの競争優位が仕込まれている。ブロックバスターとの熾烈な競争の中で、データとアルゴリズムで勝負する、というかそれでしか勝負できないという構えが出来上がった。この「下積み」の時期にいまを時めく成功企業としての強みをネットフリックスは構築していった。このあたりが競争戦略に関心のある僕としては非常に面白いところで、これだけで「ご飯三杯ぐらい食べられる」という感じなんですよ。

人々を旧作に誘導するにはどうすればいいか

鹿島　アルゴリズムとは、ある一定の規則性を持つ運動なりデータ変化なりを数式に落とし込んで、それを再現可能にするというものですね。で、このアルゴリズムを使った手法がなぜできたのか？　ランドルフはネットフリックスを立ち上げる前、別の会社のダイレクトメール担当者でした。ダイレクトメールは仲介するメディアがなくて、読者に直接届き、また読者からの反応がダイレクトに来るのが面白いということを発見する。読者から届く反応を回収してダイレクトメールを工夫していったのが、ネットフリックスのアルゴリズムの原点でした。

こういう戦略企業は基本的なアイデアがくっきりしていることが大事ですね。しかも、それがたんなる自分の利益ではなく、顧客がもっとも欲望を抱いている部分を拾い上げて、それにピタリと重なった商品を開発できたときに、そのアイデアはものすごい普遍性を持つ。で、ランドルフのアイデアは「自分の好きなビデオを好きなときに見たい」という、僕みたいなシネフィルの人間にとっての究極の夢なんです。「ビデオ屋に見たいビデオがない」「借りたビデオをずっと見ていたいのに、返す期限が来ちゃう」といった頭に来る状況をどうにかする方法を、ヘイスティングスと二人で考えていくわけです。もともと映画好きな二人のオタクが、自分のやりたいことをコンピュータを使うことによって事業に落とし込んでいく物語。だから、非常に高い普遍性を持っていますね。

楠木　そうなんですよ。実現したいことは単純で、ほとんどの人が持っている太い需要なんですよね。見たいときに・見たい場所で・見たいコンテンツを・もっとも簡便に・低コストで見る。これは郵便DVDレンタル時代から変わっていません。お客さんがインターネットで「このビデオを見たい」と注文すると、ネットフリックスは、大きな倉庫からそのDVDを出してきて、封筒に入れて郵送でお客さんに届ける。お客さんは見たあと郵送で返す。いまから考えるとものすごい原始的なオペレーションに見えるのですが、そのころから社名は「ネットフリックス」なんです。つまりコンセプトは変わってないわけですよね。

鹿島さんがおっしゃったとおり、発想の原点はダイレクトマーケティングなんですが、当時はすでにダイレクトマーケティングで顧客と直接つながることの意味をわかっていた人は大勢いました。そもそもダイレクトマーケティングの権化みたいなアマゾンもワンワン商売を拡張していましたから、ビッグデータとアルゴリズムの重要性はわかっていた。しかも、こういう映画みたいなコンテンツ＝情報財は、ビッグデータやアルゴリズムときわめて親和性が高い分野ですから、これがイケると思っていた人はいっぱいいたはずです。

にもかかわらず、なぜネットフリックスが郵便ＤＶＤレンタルの時代からこれだけ腰を入れて、データとアルゴリズムで勝負をしようと思ったのか。ここが非常に面白いところです。

最強の競争相手は、アメリカに何千店舗もチェーンを持って、当時のパッケージソフトとしてのコンテンツ娯楽を完全に支配していたブロックバスターという会社です。ＴＳＵＴＡＹＡみたいなのをイメージしてもらえばいいでしょうね。一九九〇年代の終わりには、そういう店で定期的にパッケージソフトを借りて家で楽しむことが、広く習慣として根づいていました。これに対して、ネットフリックスはリアル店舗を持たず、ウェブサイトで注文を受けるんですが、実際のブツは倉庫に集中的に置いてあります。ここで何が起こるか考えてみましょう。

いちばん需要があるのは新作の映画ですよね。ちょっと前のビデオ屋さんでは、新作のビデオやＤＶＤがリリースされて棚にズラリと並ぶと、人気があるやつはすぐに全部貸出中になっていました。もちろん、プライスも新作のほうが高くできます。これが、店舗を持っていたブロックバスターのいちばん重要な収益源だったわけです。ですから、ブロックバスターは新作が出ると大量にそれを仕入れるわけですよね。DVDを売るコンテンツメーカーからすると、最重要顧客です。たぶん、もっとも良い条件で大量のDVDを売っていたでしょう。

ところが、はるかに規模が小さい上に実店舗を持たないネットフリックスは、そんなに新作を揃えることができません。しかしお客さんの注文はインターネットで来るわけで、みんなその新作を借りたい。だから、ずーっと品切れ状態になります。だからといって、もっとたくさん仕入れて在庫しておけるほどの資金力もネットフリックスにはない。じゃあ何ができるかと考えると、お客さんを旧作のほうに誘導できれば、在庫の稼働が平準化されて回転が上がる。これが原点なんですね。つまりネットフリックスの生命線は、新作ではなく旧作へと顧客を誘導することにあったわけです。

しかし、顧客は放っておくと新作を見たがる。彼らを旧作に誘導するにはどうすればいいか。そこでランドルフが考えたのは、人々の趣味嗜好を知ることです。その上でリコメンデーション（おすすめ）をかけていけば、その人が好きそうな旧作に引っ張っていけるんじゃないかと考えたんですね。それができないとブロックバスターにはまったく歯が立たなかったので、ネットフリックスは腰を据えて顧客の利用状況や貸出の行動をトレースしてデータ化し、ある数学のモデルでずっと回していけるアルゴリズムを組んだわけです。ネットフリックスの強みは、そこに端(たん)を発しています。いまの時代になって「サブスクリプションですよ」「データですよ」「アルゴリズムですよ」なんてチャラチャラやってる会社がいっぱいありますけど、ネットフリックスは年季の入り方が違う。いまのネットフリックスがあるのは、この腰の据わったデータの収集と利用があったからです。

いまやネットフリックスは、みなさんご存じのように大変なお金を使って自らコンテンツを作る会社にもなりました。コンテンツメーカー兼ストリーミングの会社になったわけですが、郵便DVDレンタル会社時代から連綿と続けているデータとアルゴリズムを武器にしているところが、凡百の「データマーケティングの会社」とまったく違います。

一つの作品に何百ものタグを「人力」でつける

鹿島　ネットフリックスの初期の自主制作コンテンツに、『ハウス・オブ・カード　野望の階段』という有名な作品があります。これは野望を持つ男が奥さんなどの力を借りて大統領にまでのし上がっていく話なんですが、主演俳優ケヴィン・スペイシーは本来なら連作ドラマに向かない地味な人なんです。ところが彼には熱烈な固定ファンがついていたんです。それをデータから読み取って、あえてその俳優を主人公にしたドラマを作った。実際、それによってシリーズ物として成功したわけです。ケヴィン・スペイシーはその後、セクハラ事件でミートゥー運動の発火役になってしまいましたが。

楠木 それが典型例なんですが、ネットフリックスが何を見ているかというと、いまの人々が、ストリーミングになって以降、どういう作品を選び、それをいつ、一回あたりどれぐらいの長さで見ているかといったことです。しかも、どこでポーズをしてどこで巻き戻して、その次にどこで視聴を止めるかといったことまで、すべて日常的にデータ収集しているわけですよね。それによって、いわば二重の意味で後出しジャンケンをしているわけですよ。

そういうデータを集めると、たとえばある俳優にものすごく食いつきのいい固定ファンがいるとわかるだけではなく、その俳優の作品が出たら何人ぐらいが見るのかも予測できます。そうやって何から何まで分析すれば、主演も監督も物語のタイプも最初から売れるように組み立てて映画を制作できるわけです。昔から映画は典型的な興行世界で、山師みたいな人の勘に頼って「当たるか当たらないか」とやってきましたが、ネットフリックスのやり方だと後出しジャンケンができる。もう一つの後出しじゃんけんは、その映画ができたときに、きっと見てくれるだろうと思われる人に向けてピンポイントでガンガン推していけるということですね。これが、リスクを抱えていた従来の映画興行とまったく違うところです。

鹿島　『ハウス・オブ・カード』は全一三話ですが、ふつうなら一話、二話と少しずつリリースしていきます。ところがいまは、注文すると一挙に一三話まとめて届いちゃうんです。次から次へ見たくなるようにできているわけですね。うちの奥さんがそういう状態だったんだけど(笑)。そういうことをよく読んでるんですね。

楠木　ネットフリックスの究極の敵は睡眠時間なんですよね。一日二四時間はみんな同じなので、寝る時間を惜しんででも見てもらわないといけません。その意味で、第一話から一三話までずっと続いていくのは、ネットフリックスでの滞留時間を高める上でとても良いコンテンツの構成なんです。

そういうことも含めて、データとアルゴリズムに力を入れているので、すべて自動化してＡＩでやってるように見えますけれども、ネットフリックスは徹底したところのある会社で、やるべきところはアナログでやっているんですよ。このへんの見極めが年季の入っているところです。これはこの本には書かれていないエピソードですが、ネットフリックスでは一つの作品ごとに何百ものタグがついているそうです。主演や監督は誰か、ジャンルは何か、そのジャンルの中でもどういうタイプの作品なのか、ヤマ場がどこにあるのか……などなど、ありとあらゆるタグがついていて、それをベースにお客さんの行動を追尾していくんですが、そのタグはみんな人力でつけているらしいんですね。フロリダのほうにものすごく大きなオフィスがあって、「タガー」と呼ばれる映画好きな人たちがあらゆるコンテンツを実際に見て、タグをつけている。映画の特徴を多面的に細かく押さえたタグ付けがないと、いくらお客さんの行動がわかっても、レコメンデーションができませんよね。このあたりも、チャラチャラした「データでーす」「サブスクリプションでーす」という会社と比べると足腰の強さが違うと思いますね。

鹿島　たとえばアマゾンで本を買うと、すぐに「これもどうですか」とレコメンデーションしてきますけど、なんか違うんだよなぁと思うことが多いですよね（笑）、全然こっちの趣味を読み取ってくれていない。それをちゃんと読み取れる方法を考えることができたのは、やっぱり創業者の根がオタクだったからでしょうね。

楠木　これはもう、アルゴリズムで回すデータの量が多ければ多いほど精度が上がりますからね。アマゾンとの違いは、ネットフリックスはすべて映像コンテンツなので、「#後半に山場あり」とか「#いきなりハラハラドキドキ」とか無限にタグがつけられるので、やりやすいですよね。本ではなかなかそうはいかないと思いますし、洋服のような商品でも難しいので、やはり映画コンテンツという商品のジャンルと経営手法がうまくフィットしたのが大きいと思います。

鹿島　いまはハリウッドの映画製作自体がアルゴリズムになってますね。ありとあらゆる過去の映画をタグ付けみたいな形で分析して、演出や撮影方法も非常にアルゴリズム的になっている。だから昔の映画よりも面白く思えるんだけれども、真剣に見ると、やっぱり昔の映画のほうがいいかな、とも思っちゃう。

楠木　だから、そこを狙ってくる人たちが必ず出てくると思うんです。ネットフリックス的な平準化された映画作りがあまりにも支配的になると、それに対抗する人たちが出てくる。ネットフリックスにしても、これを育てた最大の貢献者はブロックバスターでしょう。ネットフリックスの手法は、ブロックバスターとの血みどろの競争で磨かれてきたわけです。対抗するものとの競争によって新しい価値が作られていく。マイケル・ルイスの書いた『マネー・カルチャー』（角川書店）の冒頭に「間違った友人をつくるよりも正しい敵をつくるほうが有用だ」というフレーズが出てくるのですが、そういうことですね。

鹿島　そのフレーズはたぶん「賢い敵は恐くない。恐いのは愚かな味方だ」というラ・フォンテーヌの寓話のもじりですね。ですからその伝でいくと、こんどは「場」を大切にする映画館が復活する可能性も十分にあるんですね。

楠木　はい、きっと歴史は繰り返していくんだと思います。ブロックバスターがあれだけ強かったときも、きっと「みんながブロックバスターに依存してエンターテインメントを楽しむようになったらどうなるんだ」と危惧する人はいたはずですから。

実話なのに話を面白くする役者が揃っている

鹿島　そのブロックバスターを倒したネットフリックスは「根がオタク」だったという話をさっきしたけど、彼らが想定した顧客もオタクだったんですね。ネットフリックスが始まった当時はまだＤＶＤがあまり出ていなかったのに、ＤＶＤの再生機に飛びついて買って映画を見るような、最新ガジェット・オタクみたいな人たちが、「これはすごいぞ」とこの会社の存在を広めてくれた。いわばボランティアで向こうから勝手に近寄ってきた人たちを利用して宣伝したわけですね。

楠木　それがまた旧作誘導作戦とうまく合っていました。初期のネットフリックスがターゲットにしていた西海岸はインド系のエンジニアがいっぱい住んでいるので、「ボリウッド」と呼ばれるインドの娯楽映画の需要があったんですね。ボリウッドのソフトはアメリカではパッケージソフトとして全然人気がありませんから、比較的良い条件で仕入れることができました。

弱者だった頃のネットフリックスは、そうやってデータの力を使いながら何とかビジネスを回していたんです。とにかくブロックバスターは桁違いの強さだったので、初期のネットフリックスは常にヘロヘロ状態なんですよ。基本的な構図としては、実店舗の大きなチェーンを持つブロックバスターがチャンピオンで、守る側。ネットフリックスはインターネットで注文を受ける新しいやり方で攻める側なんですが、ブロックバスターも防戦一方ではなく、途中でジョン・アンティオコという気合いの入った経営者がやって来ました。この人は最初の仕事がセブン‐イレブンです。小売店舗のチェーンを回すプロですよね。さらにアンティオコの右腕として、非常に財務に強いエバンジェリストという戦略担当副社長が入って、このコンビがネットフリックスを攻めまくるわけです。

ネットフリックスがかなり大きくなってからも、一度ブロックバスターが大きく巻き返したことがありました。実店舗とオンラインをうまく合わせた、シンプルで利便性の高い「トータルアクセス」というサービスを始めたんです。ネットで借りて実店舗で返すとか、実店舗で借りて郵便で返すなど、お客さんの行動にうまくフィットしていたので、これはウケました。ネットフリックスがネットだけで六〇〇〇万人ぐらい会員がいるときに、ブロックバスターは短期間で二〇〇万人ぐらいまでトータルアクセスの会員を増やしたんですよ。そうやってネットフリックスを追い詰めるブロックバスターの戦略も、非常に読み応えがあります。

鹿島　たしかに、アンティオコという人もなかなかすごい人です。「お金さえ続けば」という勝負にまでは持ち込んだ。日本の携帯電話系の値下げ競争と同じように、ブロックバスターとネットフリックスのあいだでも値下げ競争が起きたんですね。でも、そのときにネットフリックスのチームのすごさがわかります。財務担当重役のキルゴアと主任アナリストのキリンシッチが、自分たちの過去の経験則から割り出した財務モデルで、この値下げ競争で相手のブロックバスターがどこまでもつかを正確に読み取るんです。「ここまで我慢できたら相手は白旗を上げる」と、財務の限界を読む。ここの迫力はすごいですね。

楠木　実話なのに、話を面白くする役者が揃っていますよね。ネットフリックスは、ロジックだけでガリガリ行くデータオタクのようなヘイスティングスと、映画が大好きで人間との感情的な結びつきを重視するタイプのマーク・ランドルフ。この対比も面白いですし、守る側のアンティオコとエバンジェリストも海千山千のプロ経営者と理知的な野心家のコンビで面白い。結局ブロックバスターは倒産するんですが、ネットフリックスに叩きのめされたというより、自滅といったほうが正確ですね。

鹿島　自滅ですね。あまりに真っ向勝負なので、株主が恐れをなして、途中で経営者を代えてしまうんですね。

超合理主義者ヘイスティングス

楠木　そこで出てくるのがカール・アイカーンなんですよ。皆さん名前を聞いたことがあるかもしれないですけれども。古色蒼然たる二〇世紀型のアクティビスト。日本だと、昔の乗っ取り屋みたいな人です。いまの洗練されたアクティビストとは違って、「何のためにこんなことをやるんだろう」と思わされるような、経済合理性を超えた企業の乗っ取りをやる。この人の動機は金儲けというよりも、社会に対する復讐にあるんじゃないかと思うぐらいですね。

このアイカーンがブロックバスターの株を持ったところで、プロ経営者のアンティオコと衝突して、結果的にアンティオコは辞めてしまう。その後、本当にロクでもないコテコテの小売の経営者を連れてきて、せっかくトータルアクセスというパッケージがうまく回り出していたにもかかわらず、ネットのほうを全部切って実店舗小売業に回帰するんです。それでダメになる。アイカーンというクセのある脇役が入ってくるあたり、話をさらに面白くしていますよね。

鹿島　経営に直接口出しをしたがるアメリカのアクティビスト、行動する株主の考え方はそもそもインターネット企業とあまり親和的ではないんですね。アクティビストは基本的に「短期的な利益を上げて配当をたくさん寄越せ」と主張しますが、インターネット企業は、アマゾンでも何でもそうですが、アルゴリズムを完全に備えた巨大なインフラを完成させるまでは、ずっと赤字の垂れ流し状態です。実店舗型の人だとそれが理解できないので、「こんな赤字を垂れ流してるものは切り捨ててしまえ」となるんですね。

インターネットビジネスは、勝利が最後の瞬間にしかやって来ないモデルなんです。たとえばストリーミングサービスが生まれる前はダウンロードサービスでしたが、映画をダウンロードしようとすると二時間ぐらいかかってしまう。ストリーミングサービスは、その時間をかけずにすぐ見られるわけです。

そういうアルゴリズムを完成させるには、お金がかかる。だから、これは日本のベンチャーキャピタルなんかにもあまり親和的ではないですね。

楠木　重要な事実として、ネットフリックスがストリーミング技術に乗り出してネット配信を始めたタイミングは、ほかより早いわけではないんです。これがまた面白いところで、ネットフリックスよりもずっと早い段階で、多くの企業がストリーミング配信を始めていました。ネットフリックスも、自分たちのコンセプトを考えればストリーミング配信がベストだとわかっていた。

しかし技術的に安定していない段階で導入しても、お客さんの利便性を損なってしまう。だから、そのための準備は完全に整っていたけれど、いちばん良いタイミングをじっと待っていたんです。そこで我慢できるところも面白い。変化の激しい世界では、やはり先行者有利になりやすいので、ふつうはとにかく早くやろうとするんですよ。しかしネットフリックスの経営陣、とくにヘイスティングスという人は、そのあたりがよくわかっているなと思います。

ランドルフというわりとヒューマンな人が去った後は、ヘイスティングスがやっているわけですが、この人は非常に機械的で、論理的、超合理的。数学、アルゴリズム、データがすべての人です。いまのネットフリックスは、こういう人がやっているからこそうまくいっている面があると思います。

というのも、いまやネットフリックスの最大の敵はディズニーです。ディズニーは、ネットフリックスの成功を横目で見ながら、コンテンツの作成とストリーミングにお金を使っていますが、彼らは自分たちの作品に思い入れがあるんですよ。昔からやっていることですから。

それに対して、ネットフリックスのコンテンツ制作上の一つの強みは、とにかくデータでオプティマイズして割り切って作品を作ることができるので、全然作品に思い入れがないことだと僕は思います。いまはヘイスティングスが主導権を握っているので、もうお客さんとの感情的な結びつきは求めない。合理的なつながりだけあればいいという割り切った人だからこそ、ディズニーに対抗できるのではないかと。

鹿島　たしかに、いまのネットフリックスは会社そのものが自動思考する巨大ＡＩそのもののような企業になっていますからね。

ネットフリックスがアメリカで成功したローカルな理由

楠木　もう一つ。この本の主題ではありませんが、日本のわれわれが読んでいて面白いと思うのは、インターネットやアルゴリズムやデータなどは普遍的かつ基盤的な技術なんですが、人間の需要は結局のところはローカルだという点です。これだけグローバルに展開できそうな商売でも、ローカルな需要に相当な違いがあるんですよね。
　ネットフリックスがなぜサブスクリプションでこれだけお客さんを取れたのかというと、もともとアメリカはどこの家にもケーブルテレビが入っていて、そのケーブルテレビ業界が非常にえげつない商売をしていた。いろいろなコンテンツ、局をバンドル（セット売り）して提供するんですね。
鹿島　いろいろなものをセットにしてまとめて売る。僕の実家は酒屋だったんですが、あの業界にもバンドル契約みたいなものがあったんです。たとえば、昔のサントリーはビールが売れないものだから、ウイスキーとバンドルで合わせ売りをする。ビールを買わないとウイスキーを卸してくれないから、小売店は仕方なく売れないビールも仕入れるんですね。ケーブルテレビのバンドルも、見たくない映画やチャンネルにお金を払わなければならないんだから、納得がいかない。
楠木　そうです。お客さんは本当は自分の見たいやつだけ買いたいのに、バンドルしたものを丸ごと買わされる。そのため、ミレニアム世代なんかはまだそんなに所得もないのに、毎月一二八ドルぐらい払ってるんですよ。それで、みんながブーブー言っていた。上手い表現なんですけど「マネージド・ディスサティスファクション（managed dissatisfaction）」といわれていた。

鹿島　マネージされた不満足ですね。

楠木　わざと不満足を業界が作って、お客さんは泣く泣く高いサブスクリプション・フィーを払っていたわけです。ネットフリックスは、それよりもずっと安い。しかも便利で、コンテンツも多い。当然、砂に水を撒（ま）くように浸透しました。アメリカのローカルな背景が、新しい技術が普及するスピードに大きく影響を与えているというのが面白いですね。

日本でネットフリックスのようなものが生まれなかった最大の要因は、アメリカのような「マネージド・ディスサティスファクション」がなかったからだと思います。日本の場合は、もともとほとんどの人がお金を払っていなかった。ある意味で、日本はコンテンツの質に対する価格が非常に安い国なんですよ。契約を取る段階でお客さんが一円でも払うことに心理的な障壁を感じるので、この手のモデルが普及しなかった。

成功した企業の「強み」は現在の姿だけ見てもわからない

鹿島　ネットフリックスが直面した危機の一つとして、コンテンツを取られた映画会社やテレビ会社が「なんか面白くないよね」と言い出す瞬間がありました。最初はネットフリックスがそんなに巨大な企業になるとは思わなかったから安いお金でＯＫを出したけど、どんどん大きくなってくると、自分の利益を奪われたと感じるわけです。それに対応するためにネットフリックスはコンテンツの自主制作を始めたわけです。

そうやってコンテンツメーカー側と配給側の葛藤が生じた場合、配給側が自主制作を始めると、たいがい、うまくいかないんですよ。たとえば、倒産してしまった新東宝。もともと新東宝は東宝争議で生まれた映画製作会社で、「配給の鬼」といわれた佐生正三郎（さしょうしょうざぶろう）が社長をつとめていました。この新東宝が東宝争議で製作できなくなった東宝の弱みにつけこんで、次第に要求をエスカレートさせてくる。困った東宝は新東宝を切ることにする。じつは、佐生はこれは織り込み済みで、配給網には絶対の自信がありましたから、東宝に切られても、自主制作と配給で東宝をしのげると踏んで、新東宝を独立させるんです。ところがコンテンツ制作はうまくいき、配給もできるんだけど、最終的には、配給の末端である映画館を押さえておかなかったために、新東宝は潰れてしまいました。ネットフリックスの場合、この映画館に当たる末端のハコがなかったのが幸いしたのでしょう。

楠木　ネットフリックスは途中まで資金ショートの危機が何度もあって、ブロックバスターに会社を売ろうとしたぐらいです。ネットフリックスは旧作誘導、ブロックバスターは新作をどんどん売っていく会社なので、考えてみると、この両者は相互補完性が高いんですよね。だからヘイスティングスは五〇〇〇万ドル（およそ五五億円）で買わないかとブロックバスターにプロポーザルを出したんです。でもブロックバスターは「そんなに高い値段で買えるわけないだろ」と断った。それで逆にネットフリックスの経営陣は「よし、じゃあ、あいつらに後悔させてやろう」と気合いが入ったというんですが、途中まではそんな状態でした。コンテンツをネットフリックスに提供する側も、相手がそんなに成長するとは思わず、気軽に「いいよ、いいよ」と安く提供していた。

そんなことも含めて、これを読んでいると、ある企業の戦略や競争上の強みというのは、成功した現在の姿だけを見ていてもわからないということをつくづく感じますね。その戦略は、かなり時間的な奥行きを持って動いている。いまは誰もがネットフリックスのデータやアルゴリズムの使い方、あるいは月額課金といった手法などに注目しますが、彼らの強みが作られたのはもっと時間的に前の段階であって、それが後からいろいろな形で効いてくるんです。たとえばサブスクリプション、月額課金というお金の取り方。最近とにかくこれがもて囃(はや)されていて、メディアでも軽薄な人たちが「これからはサブスクだ」と言うわけですが、そう簡単なものではないわけですよ。

たとえば、アドビというソフトウェアの会社がサブスクで成功したのも、それ以前に強みを作っていたからです。主力商品のフォトショップやイラストレーターなどはすごく粘着性の高いツールで、それがなければ仕事にならないカメラマンやデザイナーなどのクリエイターが、もう何十年も前からたくさんいた。そういう「玉」を磨きに磨いていたから、月額課金に大胆にシフトすることで企業価値も上がり、売上や利益も増えた。そういう強みもなしに、「これからはサブスクだ」と単純に切り替えたら、翌日から一円もお金が入ってこないということになりかねない。

いまが旬のサブスクリプションという戦略にしても、本当に成功している企業の場合、もっと時間的な奥行きを持った過去に本当の強みがある。こうした商売の本質が鮮明に読み取れるというところに、私にとってのこの本の面白さがあります。

考える題材が詰まっているからこそ「ためになる」ビジネス書

鹿島　ネットフリックスの初期には、経営陣に入ったビデオ店出身者がかなりアイデアを提供していますね。ビデオ店の親父は、客のタイプからどういうものが好きか見分けて、「こういうのもあるよ」と勧めるような奥深い一対一の世界で生きています。そういう人のアイデアが、サブスクリプションモデルやアルゴリズムを作る原点になった。この人は後でマクドナルドと組んで、自販機でそれなりに成功したんですね。

楠木　ええ、そうです。ビデオレンタルの自動販売機を手掛けた「レッドボックス」ですね。

ですから、表面的には昔のレンタルからストリーミングになって、コンテンツ制作が大きく変わっているように見えても、基本的にはずーっと一つのことをやっているわけです。本当に強い商売というのは、いまも昔も、洋の東西を問わずそういうものですね。これもまた商売の本質です。

鹿島　ネットフリックスの初期の頃は、相手の好みなんかを何時間もかけて直接電話で聞いていていますからね。そういうどぶ板営業をやっていますから、アルゴリズムの質が違うのでしょう。

楠木　何としてでもそれをやらねばならないという強い動機と意思があった。これは技術を超えたところにあると思いますね。

鹿島　あと、郵便で配達するのは非常に原始的な方法ですが、郵便を使うのでもけっこう工夫していました。たとえばＤＶＤを入れた封筒を郵便局で分類するときに、人間の手で分類する郵便局と機械を使う郵便局がある。いろいろ試してみると、手で分類しないと破れてしまったりすることがわかったので、そういう郵便局をスパイのように探して、袋をかついでそこに持ち込んだわけです。

楠木 そもそも郵便レンタルを始めたのも、それまでのＶＴＲがＤＶＤに替わったからでした。カセット式のビデオテープはかさばりますし、メカニズム的にも壊れやすいので、郵送には向かないんですね。でもＤＶＤなら郵送レンタルが成立する。

鹿島 いちばん最初のエピソードでは、ランドルフとヘイスティングスが、ＤＶＤを封筒で自分たちの家に送って、次の日に届くかどうかをたしかめることです。「届いたよ」というところから始まるわけです。彼らはそれまでに、翌日に届くことがいかに顧客の満足度と再帰率を高めるかをきちんとマーケティングしていました。

日本のマーケティング会社の多くは、そういう考え方ができていません。ある二つの命題ＡとＢがあるときに、それを「ＡだからＢだ」という形で因果的に関連付けていないことが多いんです。ランドルフとヘイスティングスは、「翌日配達なら満足度が何パーセント上がる」という合理性に基づくマーケティングを最初にやっていました。これが初期段階での勝因です。

楠木 そういえば、誰からか聞いた記憶があるんですが、『ぴあ』という雑誌のコンセプトを思いついたのは鹿島さんだそうですね？

鹿島 いや正確には、『ぴあ』とまったく同じ時期にまったく同じことを考えて、会社を立ち上げようとしていたんです。比較文学の大学院を落っこちて一年間ブラブラしたときですね。当時、映画を一年間で四〇〇本ぐらい見てたんだけど、情報源が東京新聞の夕刊しかなかったんです。だから、どこで何を上映しているかを紹介するメディアを作っちゃえばいいんじゃないかと思って、会社の立ち上げを始めたんですが、そのとき、動いてくれる友達がみんな大学院に入っちゃったんですね。私だけ落っこちてね。一人でやっていれば、あるいはもっと違う人生を歩んでいたかもしれないけど。しかし、それでもやろうかというタイミングに『ぴあ』が発売されてしまったので、断念したんです。

楠木　もしこのランドルフさんと同じ世代だったら、もしかしたら鹿島さんがこういうコンテンツ帝国を作っていたかもしれないですね。

鹿島　それはないと思う。僕は「毎日一アイデア男」と自称するくらい、毎日、「こうすれば儲かる」というアイデアを思いつくんです。ところが、奥さんに話すと、「あなたは思いつきを実行に移す気力がない」と必ず怒られるんですけれども（笑）。

楠木　商売を考えるのがお好きなんですよね。

鹿島　僕はけっこうマーケティングや経営学が好きなんですよ。なぜかというと、商売を考えることも、哲学を考えることも、歴史の方法論を考えることも、考える技術という点では同じじゃないかと思っているから。基本的には考えるということで同じなんですね。

ある対象があった場合に、まず大切なことは、いかにこれを合理的に分類するかなんです。ちゃんと合理性がある形で人と違う分類の仕方をすることから始める。人と同じように分けるのではなくて、自分なりの分け方を考える。こうして、二つに分けることができたら、そこから二元論をうまく戦わせて、そこをアウフヘーベンするような形で一段上のところに運ぶ。これは基本的に哲学と同じなんです。

楠木 前にどこかで、デカルティズムで「分ければ分かる」というのはそのとおりなんだけど、その「分け方」にセンスが出るというお話をされていましたよね。これは慧眼だと思いました。

鹿島 デカルトの考え方は「分けて考えよう」で、僕は「分け方を考えよう」。

楠木 なるほど。この本も、単に最新の動向などを教えてくれるからではなく、まさに考えるための題材がいっぱい詰まっているからこそ「ためになる」ビジネス書になっていると思います。ジーナ・キーティングさんという著者は、これが処女作なんですよね。だから気合も入っているし、時間も使っている。

鹿島 へえ、処女作がこれというのはすごいですね。

映画化するならこの「キャラ」が重要

楠木　さて、今後ネットフリックスはどうなるのかという話もしておきましょうか。それこそ残った敵は睡眠時間というところまで来てしまったわけですよね。考えてみると、このサブスクリプションとかアルゴリズムとかデータといった手法は映像コンテンツとの親和性が何より高くて、ばっちりハマりすぎているんです。あまりにも良くできすぎているので、これ以外のことはおそらくできないんじゃないかと思うんですよ。

アマゾンやグーグルみたいな会社はよく「プラットフォーム」といわれますよね。たとえばグーグルは検索サービスから始まって、どんどんカバーする領域を広げています。でもネットフリックスは、そうはなりようがない。行けるところまでこのやり方で行くという、ある意味で「清々（すがすが）しい経営」をしていくしかないように思いますね。

鹿島　このヘイスティングスさんという人は超合理的な経営者で、資金投入をできるかぎり少なくするというやり方なので、他分野への転換みたいなことはあまりしないんですね。儲かってるセクターがあっても、自分の目指す方向とは違うからと、平気で切り捨てていく。これは元祖オタクのランドルフ的な考え方とは違う合理的な発想。

楠木　そうですね、非常に腰が据わっていると。

鹿島　それがいいのか悪いのかは、また別ですけど。楠木さんは、どの登場人物に感情移入しました？

楠木　好みから言うと、ヘイスティングスみたいな人はあんまり好きではなくて、いちばん感情移入するのはジョン・アンティオコですね。この人はいわゆるド商売の、プロのおっさんなんです。やっぱりどこの国でもこういう人が実業を動かしてるんだな、と思わせるタイプ。ガッツもあってなかなか優秀な経営者だと思いますよ。この本の中では敵役（かたき）になっちゃいますが、もし映画化するならここに良い俳優を起用してほしい。そうすると、映画としてもグッと質が上がると思いますね。

鹿島　僕はね、アンティオコさんにも惹（ひ）かれますけど、もう一人、財務担当のキルゴアさん。すごい切れ者で、この戦いだったらどれぐらいで相手が白旗を揚げるとか、ここまでもったら勝てるとか言えるのは、非常に優れた参謀です。参謀というのは合理的な意見を上げるのが役割で、決定するのは経営者や将軍などのトップ。役割がきっちり分かれているんです。アメリカ人は、アメリカンフットボールが大好きですが、アメフトは完全な役割分担で進めるスポーツですね。アメリカ人は役割分担が好き。だから西部劇ですら役割分担を描くんです。たとえば一九六六年公開の映画『プロフェッショナル』だと、馬の専門とか、ナイフに長けたメンバーとか、それぞれの得意分野を活かしてチームを作る。そういう作品はたくさんあります。こういうのを見ていると、アメリカ的な組織の合理性というものがあって、情緒的なものはゼロなんだということがよくわかります。それぞれの役割を果たす優秀な人間を束ねて、決定を下すのはトップ。話を戻すと、そういうアメリカ的なチーム作りのすごさがよくわかるという点で、この財務担当の存在は面白かった。

楠木　機能分業の極みですよね。敵方のブロックバスターのエバンジェリストという戦略担当副社長も、映画化されたらかなり重要な役どころだと思います。

鹿島　いずれにしても、映画みたいに面白いビジネス書ということで、お薦めです。

楠木建が薦める 関連図書

企業や経営者について書いた数多くの本の中で、ドラマとして「とにかく面白い」ものを挙げる。

『インテル：世界で最も重要な会社の産業史』

マイケル・マローン　土方奈美（訳）　文藝春秋　2015年

ロバート・ノイス、ゴードン・ムーア、アンディ・グローブ――持ち味がまったく異なる3人の天才の葛藤の中で一時代を画した企業が生まれた。大傑作の群像劇にして大河ドラマ。

『成功はゴミ箱の中に：レイ・クロック自伝 世界一、億万長者を生んだ男―マクドナルド創業者』

レイ・クロック、ロバート・アンダーソン　野崎稚恵（訳）ほか　プレジデント社　2007年

紆余曲折を経て、50歳を過ぎてマクドナルド帝国を築き上げた男の一代記。欲が深くてよく働く。創業経営者はこうでなくてはならない。

『完本 カリスマ：中内㓛とダイエーの「戦後」』

佐野眞一　ちくま文庫　2009年

流通革命を成し遂げた小売の天才。影が深ければ光は強く、また光が強いほど影も深くなる。人間ドラマの傑作。

『おそめ：伝説の銀座マダム』

石井妙子　新潮文庫　2009年

京都祇園の芸妓を振り出しに東京へ進出、銀座で「クラブ」という業態を創造したイノベーターの人生を辿る。天才的商売人の栄光と悲哀を余すところなく描く。

『江副浩正』

馬場マコト、土屋洋　日経BP　2017年

稀代の起業家の2つの顔。成功をもたらした類まれなる才能が天才を破滅へと導く。人間の不思議を抉（えぐ）り出す傑作。

成毛 眞（なるけ まこと）

書評サイト「HONZ」代表。

中央大学商学部卒業。アスキーなどを経て1986年に日本マイクロソフト株式会社入社。1991年より日本マイクロソフト代表取締役社長。2000年に退社後、同年5月に投資コンサルティング会社インスパイアを設立。元早稲田大学ビジネススクール客員教授。書評の定期寄稿はHONZ、週刊新潮、日経ビジネス。著書に、『amazon：世界最先端の戦略がわかる』、『アフターコロナの生存戦略』ほか多数。1955年、北海道生まれ。

第2章

『絶滅の人類史』——なぜ人類は生き延びたのか?

成毛眞

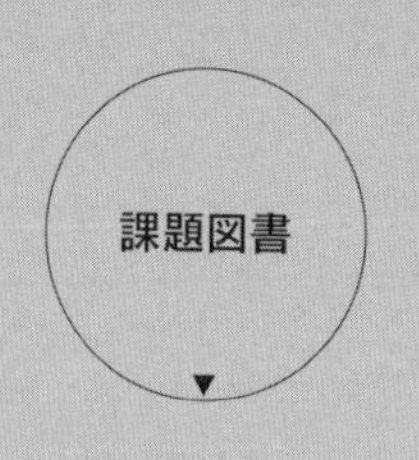

『絶滅の人類史：なぜ「私たち」が生き延びたのか』

初期人類の謎から他の人類との交雑まで、
常識を覆す人類史研究の最前線を
エキサイティングに描き出す。

更科 功［著］
NHK出版（NHK出版新書）
2018年1月刊

ヒトの犬歯はなぜ衰えたのか

鹿島　『絶滅の人類史：なぜ「私たち」が生き延びたのか』は、動物の骨格の進化を専門とする分子古生物学者の著者が、人類にはホモ・サピエンスのほかにネアンデルタール人やデニソワ人など何種類かいたのに、なぜホモ・サピエンスだけが生き残って、他の人類は絶滅したのかという謎に挑んだ本で、七万部を超えるベストセラーになっています。

成毛　この分野の研究者が、現在わかっている研究成果を正直かつ謙虚に書いた本ですよね。ただ、専門家が書くと一般読者に対してやや不親切になりやすい。この本の副題は「なぜ『私たち』が生き延びたのか」ですが、その意味を理解してもらうには、たとえばイヌのようなほかの動物を例に挙げたほうがよかった。たとえばイヌ属というグループにはイヌのほかにもコヨーテとかジャッカルとかオオカミとか、いろんな種があるわけです。ところがヒト属の場合、ネアンデルタール人とかホモ・フロレシエンシスとかいろいろいたかもしれないのに、なぜかホモ・サピエンスだけ生き残ったわけです。これはイヌでいうと、オオカミもジャッカルもみんな絶滅して、生き残ったのはゴールデンレトリバーだけだった（笑）みたいな話です。冒頭でそういう不思議さを認識させてくれると、もっとわかりやすい本になったかもしれません。とはいえ、これだけ専門性の高い内容の本が七万部も売れたのだから、驚きました。

鹿島　私が興味深いと思ったのは、ヒトだけが犬歯が衰えたという話です。チンパンジーはもちろん、平和的な生き方で知られるボノボでさえ犬歯はちゃんとある。人間の犬歯が衰えたことについては、以前はいろんな穀類を嚙むために奥歯が発達した分、犬歯が衰えたという説があったけれど、どうやらそうではないらしい。チンパンジーの場合はメスをめぐるオス同士の争いが盛んなので犬歯が必要だけど、人間にはそれがないから犬歯も不要だというんですね。ここで、人類史における大問題に対する仮説がさらっと出てしまうんです。それは、「一夫一婦制の起源」なんですよ。この問題には昔からさまざまな仮説が立てられてきましたが、それがどんどん古くなっていくんですね。

以前は、こういう説がありました。モーガンの『古代社会』とエンゲルスの『家族・私有財産・国家の起源』が典型です。すなわち、人類も生まれた当初はチンパンジーと同じ乱婚、つまり子の父親が誰だかわからない集団婚だったのが、やがて母系になって、一夫一婦制になった。これがモーガンの古代社会論です。エンゲルスもほぼその説を採用していたわけですね。ところがこの本によると、意外や意外、ホモ・サピエンスよりかなり前のホモ・エレクトスの段階で一夫一婦制が選択されていたという。二足歩行と一夫一婦制の採用が人類を定義づける特徴ではないかといっていますが、ただし、あまりそこには踏み込んでいないんですね。

成毛 けっこう、サラッと書いていますよね。ただ二五〇万年前とかそれ以前の時代になるとDNAも見つかりません。恐竜化石などに比べると石化レベルが低いので、いわゆる先史時代は、恐竜時代やその前の三葉虫時代に比べて逆に発掘が難しいのかもしれませんね。

鹿島 あくまでも発掘された化石に限定して仮説を立てざるを得ないから仕方ありませんが、一夫一婦制仮説と犬歯の衰えを結びつけるなら、もっと社会理論的にいう必要があると思います。なぜかというと、人間が集団で暮らし、しかもその集団内に争いがない状態で社会生活を営めるようになったから犬歯が衰えたんだろう、ということなんですが、しかし、一夫一婦制と社会生活の両立はけっこう難しいことなんですね。その困難を乗り越えて、人類が一夫一婦制を選択できたとすれば、これは人類の非常に大きな特徴だろうと考えるのが筋です。一夫一婦制は人類が他のものから分かれたかなり古い起源に遡(さかのぼ)れるということです。

この一夫一婦制とホモ・エレクトスがどう関係したかというと、以前からいわれてた仮説とかなり接続するわけです。「足で歩いて手で持って、家族が待つところに餌を運んできた」というのが有力な仮説だったわけですが、それがこれとピッタリと合致する。つまり昔から人類はマイホームパパだったという話です。

一夫一婦制の成立と発情シグナルの因果関係

成毛　もう一つ僕が興味深く感じたのは、あらゆる霊長類の中で人類がもっとも子孫を残しやすいという話です。たとえばチンパンジーやオランウータンは、メスが最初に子どもを産んでから次の子どもを産むまでに五年も六年もかかる。ところが人間の場合はがんばれば、出産後数カ月で妊娠できるんですよ。それだけ多産だったので、野生動物に食われちゃっても生き残る子どもがいた。それと同時に、それだけ多産だと、子どもを次々と育てるためにメスは家にいて、オスが外に出かけて食べ物を持ってこなきゃいけなくなるんですよね。そういう意味で、社会制度というよりも、むしろ妊娠サイクルと成長サイクルという生物学的な条件に規定された結果、一夫一婦制の社会になった可能性が高い。これは「なるほど」と思いながら読みました。

鹿島　それと同時に人類の肉体的な進化があって、まず女性の発情期のシグナルがなくなったんです。チンパンジーみたいにメスの発情シグナルがあると、オスがみんな一斉にウガーッと寄ってくるわけです。しかし発情シグナルがなくなったことで、その一斉求愛がなくなり、一夫一婦制を始動させるきっかけの一つになったのではないか、と。もちろん、どっちが先かはわかりませんけど。一夫一婦制が成立したから、発情シグナルが不要になったのかもしれない。

成毛　その因果関係を化石から証明するのは難しいのでしょうね。そういう話になると、僕は歴史学で何十年か前に登場して、それまで当たり前だと思われていた因果関係を逆転させたアナール派を思い出します。たとえば「王様がその国を征服しようと決めたから侵略戦争が起きた」という因果関係で語られていた歴史も、「気候変動によってその国を征服せざるを得ない環境になった」と見なすことができたりする。初めてアナール派に触れたときは目が点になって、それまで学校で勉強した歴史って何だったんだと思うほどの衝撃を受けましたけど、それに近いものがありますね。

鹿島　アナール派の流行は広く見ると構造主義的な見方に属します。要するに「歴史は人間の意思で動いてきた」という考えが否定されたわけです。征服欲の強い王様が、あっちこっちを征服していったのではなく、人間はもともと構造的にそうするように規定されている部分がある。長い目で見ると、歴史はそういう人間社会の構造や地理的環境で動いているというわけです。これは歴史学の新しい見方です。この本の話は、それにも見合ってるわけです。

成毛　ええ。だとすると、これはこの本のテーマではありませんが、女性の発情期がなくなったのは、それこそ人類にとって氷河期に巨大噴火が起きたのと同じようなインパクトがあったわけですけども。

鹿島　それはある意味、全人類学研究者にとっての最大の謎。まだ解明されてない謎です。いろいろな仮説があるんです。発情期をなくして、いつでも性交できる状態になったのが、多産の大きな原因になったという見方もあります。ダーウィニズムの理論では、子孫をたくさん残す方法を編み出した者が勝ちですから、人類が発情期をなくしたのは、それが自然選択に合致していたからだとなります。その一方で、人類の子どもは育つのに時間がかかるという問題がある。たとえばレイヨウでも馬でも、出産の場面を見ると生まれた子どもがすぐに立ち上がって歩き始めますが、人間は独り立ちしてからもサバイバルできるようになるまでには時間がかかります。これが、「社会」を作るという人間の特徴と関連しているという仮説があるんです。

チンパンジーは母親が一人で子育てをして、しかも群れでは子育てはやりません。しかし人間はその母親一人の子育てが許されない。となると、協力する父親がいなきゃいけないから一夫一婦制になった、という考え方が有力なんですが、だとすると、一夫一婦制はやはり人間の歴史のどこかで起こった進化ということになりますね。

ホモ・サピエンスとネアンデルタール人の交配をめぐる謎

成毛　非常に面白い本ですが、化石から人類史を見る立場なので、いま研究が進んでいる遺伝子サイドからの人類史は最後に少し出てくるぐらいなのが、ちょっと物足りない感じがしましたが、いかがですか？

鹿島　遺伝子の話は、僕もずいぶん読んでます。ミトコンドリア・イブの話やネアンデルタール人との交配の話はこの本にも出てきますが、たしかに意外とさらっと書いていますね。

成毛　非アフリカ人の人類には、ネアンデルタール人のＤＮＡが二～三％も含まれているんですよね。もう一つ、シベリアにいたデニソワ人の遺伝子を抱えている人類がシベリアから東南アジアまでの縦の線にかなりいるという学説もあります。その話を受けてこの本の著者は、とはいえネアンデルタール人のＤＮＡを調べると、人類からもらったＤＮＡが実は少ないと書いているんですが、そこで話が終わっちゃったのがやや残念で、もうちょっと読みたい気がしました。

鹿島　それについて僕は自分なりの仮説を立ててみたんです。ホモ・サピエンスとネアンデルタール人が交配する場合、ネアンデルタール人のほうがホモ・サピエンスより不利だったわけですから、優位なホモ・サピエンスのオスが不利なネアンデルタール人のメスとセックスすることが圧倒的に多いはずです。だとしたら、むしろネアンデルタール人にホモ・サピエンスのＤＮＡが残らないとおかしい。ところが、ネアンデルタール人の遺伝子にはホモ・サピエンスの遺伝子があまり残っていない。逆にホモ・サピエンスのほうにネアンデルタール人の遺伝子が残っている。これは僕なりに研究した仮説とけっこう合ってるんじゃないかと思ってるんです。

　どういうことかというと、まず、ホモ・サピエンスはずっと旅を続けていた初期の時代は双系制なんです。そうじゃないとやっていけないから。ところが何らかの理由で定住を始めると、これは農耕が始まる前の定住ですが、かなりの率で母系制になる。その母系制の一つのバージョンとして妻問婚（つまどい）というのがありますね。『源氏物語』を読むと頻繁に出てきますが、女の子の家にどこかから男がやってきて、後朝（きぬぎぬ）の別れをして帰って行くのが妻問婚。そこで生まれた子は、男女にかかわらずその母系集団で育てるわけです。ホモ・サピエンスとネアンデルタール人の交配が起きたとき、すでにホモ・サピエンスが双系制から母系制に変わっていたとすれば、ネアンデルタール人の男がホモ・サピエンスの女のところに妻問婚をしたはずです。すると、ネアンデルタール人の遺伝子がホモ・サピエンスの中に残るわけです。反対に、ネアンデルタール人は母系社会ではなく、妻問婚もなかったからホモ・サピエンスの遺伝子はネアンデルタール人の骨には残っていない。

成毛　なるほど。すごい説得力がありますね。いっぱい子孫を残すことが自分たちの遺伝子を残す最良の戦略だとすれば、子どもが生まれることがいちばん嬉しいわけだから、相手はネアンデルタール人でもデニソワ人でもかまわない。生まれた子を自分たちで育てたほうが得だという戦略は当然のように成立しますよね。

鹿島　そうなると、いろいろな遺伝子がホモ・サピエンスの中に入ってくるわけです。その中で良い遺伝子が残っていく。たとえばホモ・サピエンスが生き残って、ネアンデルタール人が滅んだ原因はいろいろなことがいわれていて、ホモ・サピエンスがネアンデルタール人を襲って絶滅させたという説を唱える人もいますが、この本によれば、解剖学的に見るとネアンデルタール人のほうが脳が大きいんです。

成毛　脳のエネルギー消費量がホモ・サピエンスの一・二倍ぐらいだそうです。

鹿島　ネアンデルタール人の脳容量が一五五〇ccで、ホモ・サピエンスは平均が一三五〇ccだから、二〇〇ccも少ない。体もネアンデルタール人のほうが頑丈にできている。ホモ・サピエンスは脳も少ないし、体も華奢（きゃしゃ）なのに、サバイバルしたわけです。

その理由をこの本で読んで、子どもの頃に見たソニー・リストン対カシアス・クレイ（後のモハメド・アリ）の世界ヘビー級選手権を思い出しましたね。あるいはジョージ・フォアマン対モハメド・アリでもいいですが、いずれにしろ、フルスペックの頑丈な奴が勝てるわけじゃない。ローマの歴史を見ても、そうなんですよ。ローマ軍団は重装歩兵と軽装歩兵をうまく組み合わせて戦っていましたが、最終的には重装歩兵はお払い箱になり、すべて軽装歩兵になっちゃうんです。軽装歩兵のほうが動きがスピーディーだから、チームワークさえ良ければ重装歩兵より強い。ソニー・リストンやジョージ・フォアマンがカシアス・クレイ（モハメド・アリ）に負けたのを見れば、ネアンデルタール人がホモ・サピエンスに負けたのもそれに近いというこの人の説は、かなり説得力があります。

成毛　人間がほかの動物と比べて圧倒的に違うのは、一〇〇キロ歩けることだという話もありましたよね。一〇〇キロどころか、連続して一〇〇キロ歩ける動物も人間以外には象ぐらいしかいない。人間は一〇〇メートル走ではほかの動物より遅いけど、それより長距離歩けることが生き残る上で大きかったんだとこの本にはありました。

ローマ軍の話が出ましたが、現代戦も同じですよね。大和のような大型戦艦は、俊敏な一〇〇機の飛行機に襲われると簡単に沈んでしまう。人類史と戦史は違いますけど、このアナロジーは「なるほど」と思いました。

鹿島 ビジネスでも、重工業タイプのハード産業が最終的に軽工業タイプのソフト産業に負けていくでしょ。重装備できるほどのリソースがない軽量の人類が最終的に勝っちゃったのは、その不利を補うための工夫ができたからだと思うんです。たとえば日本が開国したとき、日本は西洋の列強に対して明らかに不利な条件だったわけです。それを補うために、明治国家を作った人たちは「ないものは他から持って来ればいいじゃないか」と考えたわけです。だから「ない」ことは必ずしもマイナスにならない。ホモ・サピエンス対ネアンデルタール人の戦いでも、それがよくわかります。

成毛 たしかにそうですよね。ビジネスの話では、コンビニ対スーパーマーケットがそうです。コンビニは多死多産で、日本全国で毎日何百店も開いて、毎日何百店も畳まれている。一方の巨大スーパーマーケットは、畳むとなると新聞沙汰になるわけですよ。そう考えると、小売がコンビニにどんどんシフトしていったのは、人類と同じ戦略を取ったといえるのかもしれない。こういう本は、そういう読み方をするのも面白いですよね。今後どういう株に投資したらいいかとか、もしかしたらそこまで想像を膨らませられるかもしれないじゃないですか。

辺境ほど古いものが残る

成毛　最初のほうで「ヒト属の中の種はホモ・サピエンス、つまりヒト一つしかない」という話をしましたが、そのヒト属の遺伝子を調べていくと、ネアンデルタール人のＤＮＡも入っているとはいえ、実に個体差が少ないんです。アフリカ人を連れてきてヨーロッパ人と日本人とオーストラリア人とアボリジニと比べても、差は非常に小さい。イヌ属のほうが個体差は大きいらしいのです。ゴールデンレトリバーとブルドックなどのイエイヌだけを比べても、かなり個体差があるそうです。

なぜ人類の遺伝子に個体差が少ないのかという話はこの本には出ていませんが、その仮説の一つに「トバ・カタストロフ仮説」というのがあるんです。七万年ほど前にインドネシアにあったトバ火山が爆発したことで、気候の破滅的な大変動が起こり、人類は地球上で一〇〇〇人ぐらいしか残らなかったので、遺伝子が収束していったんだという説ですね。人類進化でのボトルネック理論とも呼ばれてます。この本はプロの研究者が書いているので、そういうまだ仮説段階にある話は書けなかったと思いますが、いまお話ししたカタストロフ的噴火を前提とした人類の数の縮減と、この本で説明されている人類の繁栄の話を組み合わせたら、さらに面白いノンフィクションになると思ったんです。だから今日は、先生それを書かないかとお願いに参ったわけです（笑）。

鹿島　いやいや（笑）。最近、エマニュエル・トッドの「家族人類学」に凝っているんだけど、トッドの辿り着いた仮説というのは次のようなことなんですね。それこそマルクスやモーガンやエンゲルスの仮説では、大昔は人類は大家族であり、それが近代化するに従って核家族になったとされています。この「古代は大家族説」をトッドは覆したわけですね。人類はもともと核家族だったのが、いったん大家族に変わって、また核家族になったというのです。

というのも、核家族の社会はみんな辺境にある。一方、大家族の社会はユーラシア大陸の真ん中にある。ロシアと中国は、いまは核家族化しているけれど、一昔前までは大家族でした。これに対し、辺境にある日本、イギリス、フランスは、その起源においてはみんな核家族。なぜ核家族が辺境にあるかというと、真ん中で起こった大家族化という変化が周辺には及ぶけど、辺境までは及ばないからです。だから、いちばん古いものが辺境には残っちゃう。いちばん古いものが残ったがために、たとえばイングランドでは、その古代的な核家族が何かのきっかけで近代的な核家族になっちゃった。それが世界を紀元一五〇〇年から現在まで五〇〇年にわたって支配しているんだけど、元を正せば辺境にあった核家族が発展の原動力になっている。そういう相対化をしているわけです。
かつて柳田國男が『蝸牛考』でカタツムリの呼び方を調査して、方言周圏論を主張しました。あれも周辺に行くにしたがって、古い形が残っているという話です。これは実は言語地理学が打ち立てた周縁の保守性原則の日本への応用で、周りに行くほど古い形が残っているんですね。
ともあれ、いちばん辺境にあった核家族は、たいていは男系でも女系でもない双系制です。これは当たり前のことで、食糧調達や労働提供が同じならばどっちかが威張っていることはできません。核家族は男と女のどっちが偉いというものではないんです。そう考えると、イングランドは女王がいる社会ですし、日本の天皇は万世一系とはいっているけれども、古代を見ると双系制なんです。そうやって周縁部分に古いものが残る。だから、本当の辺境に行くと、もしかしたらネアンデルタール人やデニソワ人に出会えるんじゃないかというのが、一九世紀の人類学者の夢だったわけですが。

成毛 ニューギニアの山の中とか、そんなイメージですよね。もしくはアボリジニとか。

鹿島 そうそう。でも、いまはDNA鑑定によって、彼らはみんな絶滅してしまったことがわかったんですね。だとすると、どういうことがいえるのか。真ん中は新しい勢力になるから、ネアンデルタール人からホモ・サピエンスに置き換わるのはわかります。しかし周辺でも交代したということは、やはりホモ・サピエンスが到着してから、そこにいた人たちが淘汰されたんだということを意味します。

成毛　北ヨーロッパならネアンデルタール人、シベリアから中国大陸にかけたエリアだとデニソワ人。それから、インドネシアのほうでは小柄なホモ・フロレシエンシス——そのようにヒト属だけど現生人類とは違う種がいた形跡が、どんどん消えていくわけですもんね。

鹿島　そう。遺伝子にかろうじて残っているという。

成毛　ホモ・サピエンスが入ってきた期間と彼らが絶滅した期間は必ずしもオーバーラップしなくて、たとえばホモ・フロレシエンシスはホモ・サピエンスが入ってきた後で絶滅しましたが、その前に絶滅した種もあるんですね。だから、ホモ・サピエンスはほかの種と戦って生き残ったというより、やたら繁殖性と生存能力が高かった。一方、ほかのホモ属は生存能力が低かった。なぜ低かったのかは、ここには書いていないですね。

鹿島　餌を獲得する方法として、ネアンデルタール人やデニソワ人も槍を使用したらしいけれど、ホモ・サピエンスは槍という道具を発明したとか、そういう要素はありますけどね。まぁ、最終的にはやっぱり数の問題じゃないかな。

成毛　もう一つ、これはユヴァル・ノア・ハラリの説ですが、ホモ・サピエンスは複数の大集団がネットワークを作るのに対して、ネアンデルタールはそれぞれが孤立した集団で生きていた。それが槍投げの機械も含めた決定的なテクノロジーの差になるんですね。ネットワークがあれば、一人が弓を見つければすぐに一万人に広まるでしょう。しかしネアンデルタール人は、自分の集団にいる三〇人ぐらいにしか伝わらない。だとすれば、これは決定的な差を生む可能性があります。

鹿島　そうですね。人類は何かを発明すると、あっという間に全員が持つようになる。言葉や文字もそうです。このことは逆に言うと、いろいろな辺境の文明が崩壊したというジャレド・ダイアモンドの最近の研究ともかなりクロスしてきます。たとえばイースター島の文明がなぜ滅びたか。いろいろな影響があったけれども、孤立していたのが大きいわけです。孤立している集団は絶滅しやすい。

　とはいえイースター島の集団は孤立して絶滅したけれど、一人もいなくなっちゃうわけじゃないんです。イースター島にも少しだけは残っている。その人たちはどういう暮らしをするかというと、原始に戻った生活をするんですね。つまり、社会生活がなくなると文明もなくなる。ほとんど原始生活に近い状態になるわけです。これを見ると、やはり社会というものが人類のサバイバルをいちばん強く支えたんだろうということがわかります。

役に立たない基礎科学こそ実は役に立つ

成毛　歴史好きな人たちは、「幕末好き」「江戸好き」「戦国時代好き」など、いくつかに分類できるじゃないですか。最近は『観応の擾乱』とか『応仁の乱』が売れているとはいえ、中世が好きな人はあんまりいなくて、その先はだいたい古代に行っちゃうんですよね。そういう歴史に対する興味のスパンが、『１３７億年の物語』（クリストファー・ロイド他／文藝春秋）という分厚い本が世界中で流行ったあたりから、すごく長くなりました。ジャレド・ダイアモンドやハラリのベストセラーの影響も見逃せません。昔は「邪馬台国はどこだったのか」と言っていた人たちがいちばん遠い過去を見ていたのに、最近はそういう歴史好きが「ホモ・ルーデンスがね」なんて言っているわけです。『絶滅の人類史』が七万部も売れたのも、現代人が歴史を見るときの縦軸が長くなったのが一つの要因でしょう。

鹿島　そうですね。ＤＮＡの研究がどんどん進んで人類史を遡ることができるようになったのと、科学的な方法で年代測定などが可能になったことが相まって、歴史がどんどん遠くまで広がっているんだと思います。それまで歴史学は文字がなければ遡行(そこう)が不可能でしたから。

成毛　元寇(げんこう)も、以前は神風が吹いたからだと言っていたのが、いまは台風が原因ではなく、たんに早めに引き揚げたという説になりかかっている。現実には、元が征服して現地調達した軍が戦いたくなかったのではないか、元から来た人たちだけが戦っていたのではないかなど、諸説あります。視野が縦横に広がると、いままでの理解が全部ひっくり返ってしまうことがけっこう起こります。

そういえば、『チェンジング・ブルー：気候変動の謎に迫る』（大河内直彦／岩波現代文庫）という本もよく売れているんですが、これはもう人類史を通り越して地球史の話です。テレビでは『ブラタモリ』が異様なほど高い視聴率を稼いでいますが、視聴者は地学を楽しんでいるんですよね。僕もすっかり影響を受けて、先日パリに行ったときも凱旋門を触りながら「これは凝灰岩かな、いや大理石か」などと妻と話してました。何百万人もの視聴者が、ゴールデンタイムにそんなものを見ていたことは、テレビが始まって以来なかったことでしょう。そうやって歴史のスパンが地球史にまで広がるのは、すごくいいことだと思いますね。

地学や人類学、物理学などは基礎科学じゃないですか。目の前の現実社会では全然役に立たないんですよ、こんなものは。しかし、この役に立たない基礎科学こそが人類にとってもっとも大事だったことは、ギリシャ文明以来三〇〇〇年の歴史が証明しているわけです。政治学や経済学みたいな学問は、役に立つようでいながら、そのじつ社会の足を引っ張ることもある。マルクス経済学などそのよい例です。ところが基礎科学は、たとえば一〇〇年前に量子力学と相対性理論が生まれなかったら、スマホが生まれていないんです。量子力学がなければ、この中に入ってる半導体は存在しません。リチウムバッテリーもない。相対性理論がなかったら、GPSもうまく稼働しないんですよ。一〇〇年前に量子力学ができたときは「こんなもん何の役に立つんだ」といわれたでしょう。相対性理論も、当初は東大の先生が「世界で四人しか理解できない」と紹介したらしい。そのぐらい役に立たないと思われていたのに、いまやこれがなければ社会は一九世紀のままだった。そういう基礎科学の分野の本を一般読者が読むようになったのはいいことです。一般的な興味が高まれば、政府からも民間からもそういう研究にお金が行き渡るようになって、結果的に一〇〇年後の人類がより良くなるという気がしますね。

ですから逆に、いますぐ役に立つ学問はもうやめようと言いたい。鹿島先生の一九世紀のパリなんて本当に役に立たない（笑）。でも、いま何の役にも立たないものこそが最後に役に立つんだと思います。

鹿島　そうですね、本当に。大学に入って、どの科目を取るか迷っている学生に、私は「自分がとりあえず面白いと思った科目は全部やめておけ」とアドバイスしています。いま面白いと思うのは、かぎられた範囲の面白さでしかない。それより、むしろいちばんつまらないように見える科目を取ったほうがいい。そういう科目は教室がガラガラだし、先生を独占できるんだから、こんな素晴らしいことはないんです。

成毛　われわれ投資家も同じことを考えますね。みんなが買っている株を買っても儲かりません。

「川」を意味する「セーヌ」が固有名詞化？

鹿島　そこで僕が、まったく役に立たない研究として、いまコンピュータを使って何とかできないかなと思っているのは、言語の起源の遡りなんですよ。やってできないことはないと思うんです。ある言語の古い要素と新しい要素を、文献学の技法で選別するときにコンピュータを使えば、新しいものを取り除いて、どんどん古いものに遡っていける。最終的には「起源」に辿り着けるのではないか。言語の起源をどこまで遡れるか、かなり興味深いですよ。人類を研究する上で、言語は遺伝子と同じくらい重要ですから絶対に誰かやるべきだと思いますね。

成毛　たしかに面白そうですね。文字がある程度のボリュームで残っているのは、エジプトのヒエログリフからでしょうか。そのぐらいからは探そうと思えば探せるわけですよね。いまはAIが発達しているので、十分な量のデータがあれば……でも、すでに誰かやっていそうですね、それ。

鹿島　巨石文化の言語なんかも、研究すればいいと思うんですよ。たとえば、コンピュータを活用する以前の言語学でもわかっていたことがあって、それはごく常識的な話ですが、ある言葉の中でいちばん古いのは「山」と「川」なんです。山と川は不動ですよね。では、それぞれの川が固有名詞でどう呼ばれるかというと、たとえば「セーヌ川」にしても「ロワール川」にしても、アンリエット・ヴァルテールの『西欧言語の歴史』（藤原書店）によると、ラテン語にもケルト語にもない言葉なんだそうです。おそらく、巨石文化の名残だろうと考えられるんです。これは、「カンガルー」をめぐる伝説と同じことなんです。キャプテン・クックが白人として初めてオーストラリアに行って、「これは何という動物だ？」と聞いたら、アボリジニが「俺は知らない」という意味の現地語で「カンガルー」

と答えたという話。これはあくまでも根拠のない俗説ですが、「セーヌ」はもともと固有名詞だったわけではなく、巨石文化語で「川」の意味だったのではないか。それが別の文化と接触したときに「あれは何だ」と聞かれて「セーヌ（川）だ」と答えたら、固有名詞として受け止められたわけです。だから言語学的には、固有名詞の中にいちばん古いものが保存される。

成毛　なるほど、なるほど。

鹿島　固有名詞の中にどれくらい古いものが残存しているかについては、柳田國男が徹底的に研究しています。

成毛　僕の出身地である北海道の地名なんか、ほとんどそれですね。札幌の語源はアイヌ語で大きな川を意味する「サリ・ポロ・ペッ」（諸説あり）とか。北海道の地名はせいぜい二〇〇〇年ほど前くらいの例ですが、他の文明では何千年も前まで遡れるわけですよね。

鹿島　音韻分析などを行なえばわかりますね。もちろん、すでに文字になっているものしか資料がないので、音韻を復元するのは大変ですけど。僕は大学時代に、長谷川欣也（はせがわきんや）先生のチョーサーの中世英語の音韻論的研究という授業を受けたんです。中世のチョーサーの音韻をどうやって調べるのかというと、『カンタベリー・テイルズ』で韻を踏んでいる言葉を比較検討するんです。押韻、つまり最後の言葉と、頭韻、つまり文の最初の言葉は、詩（歌）なら綴りが違っても音は同じはずなので、そこから昔の言葉の音を復元するんですね。そういうふうに音を復元する学問があるんです。最近、デイヴィッド・アンソニー『馬車・車輪・言語』（筑摩書房）という面白い本がありましたが、そこにもそういう話が出てきます。

辺境＝大酒飲み説の真偽

鹿島　ともかく、言語学にコンピュータを応用することで、起源的に古いものを突き止められそうな気がします。そうなったら、やはりもう一回、『万葉集』の徹底分析をしてほしい。

あと、単純なことなんだけど、音韻は人類の移動の証明にもなる。たとえばアメリカの州なら、ダコタ州とかオハイオ州とかいろいろありますよね。それはもちろんアメリカンネイティブズの言葉なんですが、全部「子音・母音・子音・母音」なんです。日本語と同じなんです。アフリカも「子音・母音・子音・母音」と必ず一個ずつ交差する。そう考えると、アメリカンネイティブズ、日本、アフリカの言葉は非常に古代から残っている言語といっていい。音韻論的にはね。

成毛　たしかに「子音・母音・子音・母音」はそうですね。

そういえば、アフリカに行くと「ン」から始まる言葉が多いですよね。カメルーン出身のサッカー選手エムボマは現地で発音するとンボマになるそうです。日本でも東北地方で「んだ」と言うのと関係あるんでしょうか。それは違うか（笑）。

鹿島　それは違うと思うけど（笑）、日本はけっこう古いものの宝庫なんですよ。このあいだ『秋田犬』（宮沢輝夫／文春新書）という本を読んだら、秋田犬はイヌ属の中でいちばんオオカミに近いんですって。

成毛　ああ、そうらしいですね。ザギトワのところにいるマサルくんですよね（笑）。

鹿島　秋田と土佐は非常に古いものが残っている大辺境です。そこに古い犬が残っているということは、犬は単独では移動しないということでしょう。人間と共に移動する。

成毛　そうか、たしかに面白いですね。

鹿島　日本はユーラシアの辺境のゆえの古いものの宝庫である、ということですね。

成毛　秋田や高知というと……大酒飲みの場所ですね。それも何かあるのかな。辺境の人々は大酒を飲みますか。

鹿島　辺境＝大酒飲み説はありますね。意外なことに、ヨーロッパでいちばんの辺境って、ルーマニアなんです。なぜかというと、カルパチア山脈というのがあってこれがルーマニアの真ん中を南北に走っている、東側は黒海で、南側はダニューブ川に遮られる。こうした地理的要因のために最辺境の最も古い要素が残っている。言語学的に見ても、家族類型学的に見ても、ルーマニアは相当の辺境なんです。

成毛　？？？

鹿島　言語学的にはラテン語がもっとも原形的なかたちで残っています。家族類型的には双系的核家族で末子相続残存だからいちばん古い。それはさておき、僕は一時ルーマニア人の研究をしていたことがあるんですよ。

成毛　それは知りませんでした。

鹿島　あくまで純粋に人類学的な研究のためにルーマニア・パブに行って、ルーマニア人からいろいろと話を……（笑）。

成毛　ああ、どっかの文科省の次官みたいじゃないですか（笑）。今度、勉強のために僕も連れていってください。

鹿島　研究の成果はありました。ルーマニア人の女性が言うには「日本人の男の人、あたし大好き。ルーマニア人の男は最低。大酒飲み、大ボラ吹き、働かない」とのことです（笑）。

成毛　わはは。ぜひ先生と共同研究したいです（笑）。

鹿島　これは辺境的モデルなんです。つまり双系の核家族なんです。

成毛　ヨーロッパも西の端に行くと、アイルランドがありますよね。あそこもそういう男たちがいっぱいいますね（笑）。

鹿島　ルーマニアと似たようなものでしょう。アイルランドも辺境です。日本でいうと、土佐とか秋田とか、徳之島とか、辺境ほどそういう傾向が強いですよ。

成毛　つき合うと面白いですよね、辺境の人たちは。そこで暮らすのはどうか知らないけれども（笑）、味わい深いというか。友達になりにくいけど、なれたら親友みたいな。

日・中・韓の家族類型

鹿島　かつてはあまり辺境ではないと思われた土地が、家族類型学的に見ていくと実は古いものを残した辺境だったということがよくあるんですよ。たとえばベルギーも、意外なことにけっこう辺境なんです。

成毛　へぇ。むしろヨーロッパのヘソのように思えますね。

鹿島　家族類型学的には、最も古い末子相続が残っているということで最辺境だとわかるんです。日本だと末子相続が残るのは鹿児島です。そういう意外な辺境を研究する新しい学問を立ち上げたら面白いと思いますよ。

成毛　シチリアなんかもそうですね。単純に大酒飲みの場所を思い出して言ってみただけですけど（笑）。

鹿島　イタリアは複雑な国で、端っこのほうにいくと完全に辺境ですね。でも、真ん中のトスカーナのあたりは、ロシアや中国大陸と同じ共同体家族で、かなり進化型なんです。

成毛　なるほど。

鹿島　東アジアの日本、韓国、中国の区別はけっこう難しい問題ですが、家族類型学的には、日本は辺境ゆえにもともと双系制の核家族が始まりです。基層は双系制核家族で、武士の誕生によって戦国時代ぐらいから父系直系家族が上に乗っかったという構造が、日本の類型なんですね。

韓国も中国から遠いところは双系制の核家族なので、日本とだいたい同じです。済州島（チェジュド）あたりの辺境に行くと、完全に双系制の核家族。韓国の普通の類型は父系直系家族なので、ソウルの人に言わせると「済州島は韓国じゃない」という話にもなるんですけどね。というのも、韓国の父系直系家族は日本よりも乗っかり方が強烈だったんです。韓国は男系オンリーでしょ。

成毛　お墓が典型ですよね。巨大な一族墓があって、すべて男系という。

鹿島　では中国はどうかというと、直系家族の始まりがいちばん古いのは中国。これは出口治明さんとも話しましたが（第3章）、孔子の『論語』はまさに直系家族から生まれたものなんです。

成毛　なるほど、そうか。

鹿島　あれは直系家族のバイブルみたいなものです（笑）。ところが、インドにおいて仏教が辺境に追いこくられたのと同じように、中国においても『論語』は辺境に追いこくられてしまいました。秦（しん）の始皇帝が焚書坑儒（ふんしょこうじゅ）をして、直系家族と儒者を撲滅したからです。その代わりに、共同体家族という制度がダーンと居座ったんです。

　ですから、中国、韓国、日本はそれぞれ微妙に違うんです。日本と韓国は似たものもあるけど、直系家族の乗っかり方の相違で違うところも多い。アジア史もアジアの今後の展開も、そういう家族類型学的な問題を含めて考えないといけません。たとえば、中国は民主化が絶対に不可能というのが私の説です。民主主義はもともと核家族のものだから、共同体家族のロシアと中国ではあり得ない。いくら民主化の動きが出てきても、また別の独裁者がやってくるでしょう。

成毛　アイロニカルに言うと、彼らは民主的に民主化を選ばないかもしれませんね。だって、そっちのほうが得なんですもん。改革開放後の富と自由を天秤にかけると得をしているという感覚なんですよね。

鹿島　なにしろ広いから共同体家族が効率が良いんですね。中国史を辿ると、核家族化によって民主的になろうとすると大混乱に陥って、「やっぱりこれは損だ」と思い直して共同体家族の統一王朝ができるという歴史を繰り返しています。だから、いまは習近平が出てきて居心地がいいんじゃないかな。日本人は「民主化されないと人民は不満だから、習近平体制はそのうち崩壊する」と予想する人が多いけど、実は違うんじゃないかな。

成毛　それ、中東を見ていてもそうですよね。結局、独裁者がいなくなった後のほうが大変そうだという、非常にアイロニカルな状態。

鹿島　そういうことも含めて、ほかの分野に応用できる知見も多く、いろいろな考え方のヒントを与えくれる本なので、僕はとても面白く読みました。

成毛眞が薦める

関連図書

『チェンジング・ブルー：気候変動の謎に迫る』
大河内直彦 岩波現代文庫 2015年

『資本主義対資本主義 改訂新版』
ミシェル・アルベール 久水宏之(監修) 小池はるひ(訳) 竹内書店新社 2011年

『サピエンス全史：文明の構造と人類の幸福』
ユヴァル・ノア・ハラリ 柴田裕之(訳) 河出書房新社 2016年

『ブループリント：「よい未来」を築くための進化論と人類史』
ニコラス・クリスタキス 鬼澤忍(訳)ほか NewsPicksパブリッシング 2020年

『量子革命：アインシュタインとボーア、偉大なる頭脳の激突』
マンジット・クマール 青木薫(訳) 新潮文庫 2017年

出口治明(でぐち はるあき)

立命館アジア太平洋大学(APU)学長。

京都大学法学部卒業後、日本生命に入社。2006年にネットライフ企画(株)を設立、社長に就任。08年にライフネット生命に商号変更。12年上場。社長、会長を10年務めた後、18年より現職。著書に、『仕事に効く 教養としての「世界史」』(I・II)、『全世界史』(上・下)、『人類5000年史』(I〜III)、『0から学ぶ「日本史」講義』(古代篇、中世篇、戦国・江戸篇)、『自分の頭で考える日本の論点』、『あなたの会社、その働き方は幸せですか?』(共著)ほか多数。1948年、三重県生まれ。

第3章

『論語』——世界史から読む

出口治明
×

課題図書

『論語』

教育者から経営者まで
いまだに多くの人に読み継がれている
古代中国の大古典。経書。「四書」のひとつ。
孔子の言動や対話を記したもので、
孔子の没後に、弟子たちによって編纂されたとされている。
10の巻の20編から成る。

金谷 治[訳注]
岩波書店(岩波文庫)
1963年7月刊

ナポレオン三世とサン＝シモン主義

鹿島　私はフランス文学が専門でフランス史を少しかじっている人間です。それがなぜ、『論語』について出口さんとお話ししようと思ったのか、まずはそのあたりからお話ししたいと思います。

私は一〇年ほど前に、上下巻からなる渋沢栄一（しぶさわえいいち）の伝記、『渋沢栄一』（文春文庫）を出しました。この本を執筆中に、渋沢栄一を根源的に理解するには、どうしても『論語』をしっかり読み解かなければならないと気づいたのです。そのため「渋沢論語」と呼ばれる渋沢栄一の『論語』注釈本はひととおり読みました。その上で、渋沢栄一の『論語』理解が彼の事業展開とどう関わっているかを考えたわけです。

しかし、その前に、そもそも私がなぜ渋沢栄一の伝記を書こうと思ったかをお話ししておかなければいけませんね。私はもともとフランスのバルザックやフロベールの研究者ですが、バルザックやフロベールは、テクストだけを読んでも絶対に理解できないんですね。その時代の社会にいったんテクストを還元しない限りテクストの本当の意味はわからない。

こんなふうに、作家たちの生きた時代を理解しようと思って、歴史のほうに足を踏み入れたわけです。それをやっているうちに、フランス史の専門家が関心をあまり払っていないものが、意外に重要な時代思想の要（かなめ）となっているのではないかと気づいたんです。

その一つに、一八二〇年代後半から三〇年代にかけて大きな影響力のあった「サン＝シモン主義」というものがあります。サン＝シモン主義とは、わかりやすくいうと、富はヒトとモノと金とアイデアが、ぐるぐる循環することによって初めて生み出されるとする思想です。これらが循環せずに停滞しているかぎり、何も生み出さない。だから、これらを人工的にでも循環するようにするシステムを考え出して、循環を現実化しなければならない。サン＝シモン主義のいちばんわかりやすい解説はこのようになります。

たとえばヴィクトル・ユゴーの『レ・ミゼラブル』は明らかにサン＝シモン主義が一つのアイデアソースになっていました。ミリエル司教と出会って改心したジャン・ヴァルジャンは僧職を志すのではなく、モンフェルメイユという町で黒い人工ガラスの製造工場をつくって人々に富と福利をもたらしますが、これは慈悲だけではなく富の循環をつくらなければ民衆の幸せは生まれないとするサン＝シモン主義の影響です。また、バルザックの『田舎医者』という長編もサン＝シモン主義を信奉する医者が村おこしをする話です。また、ユゴーの敵だった評論家のサント＝ブーヴもサン＝シモン主義者、いやサン＝シモン教徒でした。晩年のサン＝シモンは利己主義の回避には相互扶助を基本にした新しい宗教が不可欠だとして「新キリスト教」を唱導し、その宗教を広める使徒団体としてサン＝シモン教会というものをつくったのです。サント＝ブーヴはそこにかなり足を踏み入れていました。

しかし、こうしたサン＝シモン主義者たちの活動以上に重要なファクターになるのが、サン＝シモン教会が途中で分裂して消滅してしまうかと思われたそのときに、サン＝シモンの著作を牢獄の中で一人で一所懸命に勉強していた男の存在です。その男は、シャルル・ルイ＝ナポレオン・ボナパルト（ナポレオン一世）の甥で、後にナポレオン三世という皇帝になる人物です。彼は二月革命の起こった一八四八年の一二月にフランス共和国初代大統領に当選し、一八五一年にクーデターを起こして翌年に皇帝として全権を掌握すると、サン＝シモンの教えをある意味で忠実に実行したのです。これが第二帝政です。第二帝政はフランスの歴史の中でも相当に毛色の違う時代でした。フランスは伝統的に、ブルボン王朝とそれに反対する共和主義の歴史だと理解すればわかりやすいのですが、その中に第二帝政という異分子が入っているんです。

もともとフランスには平等を重んじるメンタリティがありまして、共産主義国となったロシアなどと同じく、競争が得意ではありません。これに対し、アングロサクソン系は競争原理一本槍の社会です。資本主義を根付かせるために競争原理をフランスに持ち込もうとしたときにナポレオン三世がやったのが、万国博覧会なんですね。万博はいまでこそ単なるワールドフェアになっていますが、当初はモノとモノを競争させる実験場でした。オリンピックも万博から派生して生まれたのです。いずれも、サン＝シモン主義と直結しているんですね。

朱子学に対抗するために『論語』に立ち返った渋沢栄一

出口　僕もナポレオン三世にはとても興味があります。『世界史の10人』（文春文庫）という本にも、一世ではなく三世を取り上げました。皇帝であるにもかかわらず、労働者を大切にしようとするサン＝シモン主義が同一人物の中で併立しているのですから実に不思議。桁外れに面白い人物ですね。歴史的にフランスとイングランドはライバル関係にあって、フランスの為政者でイングランドと仲が良かった人はほとんどいませんが、ナポレオン三世はそういう意味でも例外です。

また、たしかにフランスの伝統は共和政と王政で、現在の第五共和政は両者を足して二で割ったものだという人もいます。強い大統領を持つことで半分は王政の形を継承し、残りの半分は共和政でやっているというわけです。伝統的にそういう国柄なのですが、ナポレオン三世の第二帝政は少し変というかユニークですよね。どちらにも入らない。そこにすごく興味を持っています。ちなみに、万博はモノとモノの競争だというお話が出ましたが、ボルドー・ワインの格付けという新しい競争もナポレオン三世の時代に万博で始まったものですよね。

鹿島　そのとおりです。ボルドー・ワインは百年戦争までボルドーのあるアキテーヌ地方がイングランド領だったこともあり、またワインのように重いものは船でしか運べなかったので、パリよりもロンドンで消費されていました。ナポレオン三世はロンドンでの亡命生活でボルドー・ワイン党になったんですが、ボルドーというのは大陸封鎖の怨恨で伝統的に反ナポレオン感情が強い地域でした。そこで、ナポレオン三世はパリ・ボルドー間に真っ先に鉄道を通すと同時に、ボルドー・ワインを世界に売り込む計画を立て、一八五五年の万博で接待外交にボルドーを使うためといって、ボルドーの商工会議所にボルドー・ワインの格付けをするように命じたのです。

ところで、そのパリ万国博覧会について調べているうちに、一八六七年万博のところで渋沢栄一の名前を見つけたんです。万博に日本からはるばるやってきた徳川昭武一行に、彼が会計係として入っていたんです。そこで僕は、日本の資本主義が明治に成功したのは、もしかしたらサン＝シモン主義の影響が渋沢栄一を経由して日本に入ったからではないかという仮説を立てました。その仮説の証明をするために書いたのが『渋沢栄一』です。とはいえ渋沢栄一という人物は、サン＝シモン主義だけでは理解できません。彼の中にもう一つあったのが『論語』です。『論語』のエートスや倫理観を理解できなければ、渋沢の資本主義も理解できないというわけです。そこで『論語』を読み返してみたというのが、今日、『論語』を取り上げることになった一つのきっかけです。

　僕なりに理解すると、渋沢栄一は、お金儲けを卑しいものとする朱子学の考え方をぶち壊したかったということです。朱子学的価値観では資本主義は発展しない。自分の利益のみを追求しないかぎり、お金儲け自体は卑しむべきことではない、それどころか社会に貢献することであると証明したかったんです。

　そのために、彼は『論語』を読み直しました。二松學舍大学の創設者でもある三島中洲さんという偉い論語学者について、一から勉強したんですよ。そして最終的には、利益を求めるときには、その利益が自分の与えたサービスとちゃんと釣り合っているかどうかがいちばんの問題だと理解しました。要するに、暴利じゃなければ、お金儲けをしてよい。孔子先生は、それがなければ国は成り立っていかないと言っている。これが、渋沢による資本主義のための『論語』解釈なんですね。

これは、実のところサン＝シモン主義とかなり近いんです。僕なりに解釈すると、ちょっと資本主義に傾いた社会民主主義がサン＝シモン主義ではないかと思うんです。ですから、「暴利を貪ってもＯＫ」という英米型の資本主義とは違う。渋沢の求めていた資本主義も暴利を否定しますから、親和性があるんです。渋沢がサン＝シモン主義を知っていたわけではないのですが、渋沢は、第二帝政とパリ万博で現実化されたサン＝シモン主義をモノとして、あるいはシステムとして目撃したことで、これと似た資本主義を模索するために『論語』を援用したわけです。

出口　荒っぽくいえば、渋沢はルターのような人だったと思います。ヨーロッパでは、ルターの宗教改革がカルヴァンを経由して、最終的にはマックス・ヴェーバーの『プロテスタンティズムの倫理と資本主義の精神』につながりました。ローマ教皇に疑問を抱いたルターが聖書に立ち返ったように、明治政府が天皇制とイエ制度をセットにネーションステートを創ったときに朱子学を大いに活用したわけですが、渋沢は孔子に立ち戻って『論語』を読んだ。原点に立ち返ることで商売の大事さを再発見したと考えればわかりやすいんじゃないですか。こんないい加減な説は、渋沢さん本人に叱られるかもしれませんが、僕はそう思っています。

中国社会はなぜ流動性が高いのか

鹿島　さらに『論語』を読もうと思ったきっかけがもう一つありまして、最近、私はエマニュエル・トッドの家族人類学に凝っているのですが、その学問のキーポイントは「直系家族が成立する時点はどこか」です。直系家族とは、父・子・孫の三代が同じ家に住んで縦につながり、しかも相続人は長男が多いという家族類型のことです。日本人にとっては当たり前の家族のように思えますが、トッドによれば、それは当たり前ではありません。世界のある一定の時期に一定の地域にしか発生しなかった家族類型であって、それによってさまざまな社会の変化が生じたという説を主張しています。

出口　僕もトッドが好きです。彼の話すことでいちばん納得するのは、日本の課題は男女差別だという指摘ですね。男女差別に基づく少子化を何とかしないとこの国はアカンで、という話には深く共感します。

鹿島　そのトッドの考えでは、いちばん古い直系家族には二つあって、一つはユダヤ人社会です。『新約聖書』のマタイ伝などを読むと、イエスがダビデ王からどういう家系でつながっているかが延々と書いてあります。ユダヤ人は縦の系譜を非常に重視したわけですね。

もう一つの直系家族は東洋です。これは『論語』を見るとよくわかります。家族が縦につながるのが『論語』の一つのキーポイントですからね。では、直系家族はどの時期に成立して『論語』という形で結晶化し、それが中国社会にどういう影響を与えたのか。ただし、現在の中国は、トッドの分類では直系家族ではなく「共同体家族」に入ります。二人以上いる子どもたちが、結婚してからも親と一緒に住む。みんなで共同体を営むわけです。ただ、孔子の時代には、中国の一部は明らかに直系家族だった。孔子は紀元前五〇〇年頃に魯(ろ)という春秋時代の国に仕えていた人ですから、ユダヤ民族を除けば非常に早い。そのあたりを世界史の文脈で考えてみたいんです。

出口　直系家族は、お父さん・子ども・孫と家産を継いでいきますよね。お父さんから長男にきちんと家長の権限がつながるためには、財産が全部長男に行かなきゃなりません。ですから、平たくいうと、直系が成り立つ条件はたぶん長子単独相続制なんです。お父さんのものは全部長男がもらってしまう。こういう縦型の社会になると、職業もだいたい固定していきます。お父さんが鍛冶(かじ)屋なら、長男も鍛冶屋になる。それから、財産を全部もらうと、住むところも固定するんですよ。したがって、直系が成り立つ社会は流動性が原則として乏しくなる。これは一般にはヨーロッパ社会の、それも中世後半期以降の特徴だといわれています。

これに対して、中国は不思議なことに社会の流動性がものすごく高い。それは、まず相続が基本的には均等に分けられるからです。ヨーロッパも中世の前半期は均等相続だったので、必ずしも中国だけの特徴ではありませんが、均等に相続すれば財産はこま切れになりますよね。また、お父さんが鍛冶屋でも、子どもが五人いたらみんなが鍛冶屋を継ぐとはかぎらないので、職業とかギルドも弱くなるんですよ。その結果、住む場所もどんどん変わっていくので、流動性の高い社会になるんですね。

もう一つ、中国の社会がヨーロッパと大きく異なるのは、漢字と紙と、それから始皇帝という天才が早い時期に生まれたことです。実は中国の体制は、「古典国制」などさまざまな呼び方があるのですが、わかりやすくいうと「封建制」がなかったのが特徴です。紀元前二二一年の始皇帝による統一によって、「一君万民」の中央集権国家ができてしまったのです。

ヨーロッパよりも広い中国をエリート官僚がコントロールするのは容易ではありませんが、それができたのは漢字と紙があったからですね。たとえば伝言ゲームでは五人ぐらい後になると中身がめちゃくちゃに変わってしまいますが、紙と漢字があればきちんと伝えられます。「始皇帝はこう指示した」と紙に書けば、全国津々浦々まで広めることができる。中国は漢字と紙のおかげで、文書行政による統治技術がめちゃ早くに確立したのです。しかも「法家」という流派がいて、法治国家の概念を作り上げましたから、イデオロギーだけでなく法律によって「一君万民」の体制を実施できるようになりました。そのあたりが世界の中で中国は群を抜いて早い。「出鱈目もいい加減にせい、紙は紀元一〇五年ぐらいに蔡倫が発明したんやないか」というツッコミが入りそうですが、蔡倫は紙を完成させたのであって、発明したわけではありません。始皇帝の時代にも、紙の祖形が豊富にあったのです。

ただし広大な国ですから、文書行政で末端まで完全に統一国家にしたといっても、点と線を押さえることぐらいしかできません。みんなが始皇帝に「ははーっ」とひれ伏すような状態にはならないのですが、統治者側にしてみれば、建前として全中国を治めていればいいわけなので、不思議なことに市民には無関心なのです。だから中国では、よく「上に政策があれば、下に対策あり」といいますよね。

中国の場合、流動性の高い社会に一君万民の体制ができてしまったので、封建領主のような中間的な指導層がいない。中間層のリーダーがいれば、ひょっとしたら優しい殿様が村民を可愛がってくれるかもしれません。あるいは、ギルドのようなものが強ければ人々を守ってくれることもあるでしょう。ところが中国は殿様もいなければ、ギルドの力も弱いので、市民を守る仕組みが何もないんですよ。中間的な自治体制がないから、中国の人々は人間関係で自らの身を守るのです。いちばんわかりやすいのが一族や秘密結社ですよね。そういう点で、中国社会は国を治めるロジックも民のロジックも、ヨーロッパやその他の地域とはかなり違う、とても変わった地域なんです。トッドはそのあたりの理解に疎(うと)い。たとえば、岩波新書の『シリーズ　中国の歴史』全五巻をトッドには読んでほしいと思います。

中国社会に孔子が登場した背景

出口　では、そういう社会で、なぜ孔子のような人が生まれたのか。これには二つの説明があります。一つは、ヤスパースが「枢軸の時代」と呼んだ紀元前五〇〇年前後にプラトン、アリストテレス、孔子、ブッダといった賢い人たちが世界中で生まれています。昔は「なんでこの時期に一斉に天才が現れたんや！」と不思議に思われていましたが、いまの歴史学では「地球が暖かくなったから」というわかりやすい説明がなされています。ちょうど鉄器が普及したのと同じ時期ですね。気候が温暖になって、鉄器が普及したので農業の生産性が急上昇した。すると食糧の備蓄ができるので、「賢い人は農作業しないで勉強しとったらええわ」という余裕が出てくる。だから天才が能力を発揮できたというわけです。

もう一つ、中国の歴史に即して説明する方法もあります。ある地域で目端(めはし)の利く人が食糧をたくさん貯めて偉くなり、そこの王様になりますね。すると、たとえば「神保町(じんぼうちょう)の王様」のところに、「丸の内でも威張っている王様がいるらしい」という噂が届くわけです。そこで、自分のほうが偉いことを見せつけるために、神保町の王様は部下に宝物をたくさん持たせて丸の内の王様を訪ねて、それをプレゼントする。「俺はこんなに金持ちですごいよ」と自慢するわけです。向こうの王様も黙ってはいません。負けずにプレゼントを返します。そのプレゼントのやりとりを通じてお互いに力の優劣がわかり、「あちらのほうが上だから、家来になろう」という話になるんです。「威信財交易」と呼ばれるものですね。一〇倍ぐらいプレゼントを返されたら、誰しも「これは家来になったほうが得やな」と思うでしょう。菓子折りひとつが何十枚もの小判になるなら、家来になったほうがいい。

中国では、この威信財交易で君主が与えるのが玉器や青銅器でした。青銅器は簡単には作れないから、これをもらったらみんなが「負けた」と思うわけです。「鼎(かなえ)の軽重を問う」

の「鼎」がその象徴ですよね。まさに中国の王権の象徴です。メソポタミアではヒッタイトという国が鉄の技術を囲い込んで一帯を征服したのと同じように、中国大陸では商(しょう)（殷(いん)）で高度な青銅器が作られました。その商を滅ぼした周(しゅう)も、青銅器に漢字を彫り込む金文職人などを囲い込んでいたわけです。

ところが紀元前七七一年に周（西周）が滅んでしまいました。それまで金文職人は高給を約束される代わりに「よそに行ったらアカンで」と囲い込まれていたのですが、雇い主が滅んだら別のところで雇ってもらわなければなりません。そこで、周から青銅器をもらってありがたがっていた地方の王様のところに行って、「青銅器が作れます」「字の読み書きもできます」と売り込むと、雇ってもらえるわけです。そうやって、周に囲われていたインテリゲンチャたちが各地に散らばりました。

戦国時代になるとさらに世の中が豊かになったので、このインテリゲンチャは二つに分かれます。一つは、役人になる人たち。「戦国の七雄(しちゆう)」という王様に仕えて文書を書いたり、下っ端のほうは県庁に行ってその文書を受け取ったりするわけですね。その一方で、社会が豊かになったのだから、インテリとして格好いい言説を弄(ろう)すれば養ってくれる人がきっといるだろう、ということで野に出ていく人もいるわけですね。この人たちが、諸子(しょし)百家(ひゃっか)になった。孔子もその中から登場したわけです。

「マナースクールの校長先生」としての孔子

鹿島　『論語』を虚心坦懐（きょしんたんかい）に読んでも、やたらとしつこく言われる「礼」というものをどう考えたらいいのか、なかなかわからない。僕なりに「礼」を解釈すると、これは宮廷儀礼のこと。たとえば王様の次に偉い人は右に座るべきか左に座るべきかとか、本当ならどうでもいいことなんですが、それを格付けして「王様の左に座る人が偉い」といったことを決めるのが宮廷儀礼です。もともと、孔子先生はその指導者でした。礼儀作法を教える塾の塾長なんですね。僕の通勤ルートの途中にブライダルの専門学校がありまして、生徒たちがずらりと並んで「腰は何十度傾ける！」などと言われながらお辞儀の練習をさせられています。別のところにはセレモニーホールがあって、お葬式のやり方を教えたりしているわけですが、まあ、孔子先生もそういうブライダル兼セレモニー学校の校長先生だったと考えていいんじゃないかと思います。

孔子のお父さんは農民だったんですが、白川静（しらかわしずか）先生のご本によると、お母さんは後妻だったらしく、どうやらシャーマンだったようです。中国語では「原儒」といって、もともとは「占いをやる人」ということなんですね。

孔子は子どもの頃、そのお母さんとお父さんからいろいろなことを学びました。大変頭のいい人なので、いろいろ勉強しているうちに、ブッキッシュな知識として『詩経』や『易経』みたいなものにやたらと詳しくなったんです。詩や占いですね。ちょっとオタッキーな人だったんでしょう。だから孔子学院は、マナースクールとして繁盛する一方で、そういう知識だけ習いたいという人も受け入れるようになるわけです。

ただ孔子先生は、どうもシャーマン系の占いや宗教みたいなものが大嫌いだったらしく、それを「淫祠邪教」などと蔑んでいるんですね。自分がやっているのはそういうものとは違う哲学的な意味があると考えていたのでしょう。それこそ「礼」にしても、単に知識として「左に座るほうが偉い」と教えるのではなく、哲学的な理由付けをした。「いまは形骸化しているから左右どちらが偉いか覚えればいいんだけど、もともとは左が偉い理由があったのだから、なぜそうなのか考えてみようじゃないか」といったことを、弟子たちに盛んに言うわけです。『論語』の最初のほうにも、「学んで思わざれば則ち罔し。思うて学ばざれば則ち殆し」という言葉がありますよね。知識を得たら、そこから理由なり、原因なり、わからないことを自分で考えてみよう、というのが孔子先生がやったことなんじゃないかと思います。

『論語』を読んでつくづく思うのは、孔子さんという人は勉強することと考えることが好きだったんだな、ということです。頼まれれば王様のところに行って政治を教えたり意見を述べたりもするけれど、本当にやりたかったのは物事に疑問を持ち、いろいろと勉強して、その疑問を解き明かすことなんです。それをやっているときがいちばん幸せだったから、弟子にも同じことを学ばせたいと思って『論語』に拾われているような教訓を垂れたんです。

顔淵という弟子が死んじゃったときの孔子の大変な嘆きようを見ると、その気持ちがわかります。「あんなに優秀で勉強するのが大好きだった顔淵がどうして死んじゃったんだ！」という大きな悲しみが伝わってくるんです。

もう一人、子路という弟子もよく出てきますが、この子路くんは、ちょっといい加減なところのある生徒なんです。孔子先生の言うことを全然聞いておらず、関係ないところで「孔子先生、あの、質問いいですか。礼とは何ですか」などと、とっくの昔に教えたはずのことを平気で聞いたりする。それでも孔子先生は「そんなことは前に教えただろう」と言いたい気持ちをグッとこらえて、「礼とはこういうものだ」と何度でも教えるんです。

そういういろんな個性の弟子たちが、「先生がこう言った」として孔子の言葉を後世に伝えたのが『論語』です。だから、孔子先生が同じことを言っても、弟子によって受け取り方が違う。それぞれのバージョンがあって、まったく同じのもあれば、かなり違うのもあったりするのが『論語』の面白さです。

「血統」と「礼儀」が社会を安定させる

鹿島　ところでトッドは、孔子のように勉強が大好きな人間が現れるのは実は直系家族の成立とかなり関係しているだろうと言っているんですね。理由は簡単で、たとえば現在の核家族では、お父さんもお母さんも働きに出ていて、子どもは保育園や学童保育に行きます。学童保育の後、しばらくすると塾に行ったりするんですけれども、その以前の段階で、これが核家族ではなく、家におじいちゃんやおばあちゃんがいる直系家族ですと、おじいちゃんやおばあちゃんが宿題を見てくれるわけですよ。「これはこうなんだよ」と教えてくれるおじいちゃん、おばあちゃんの力が意外と子どもの教育には大きい影響を与える。直系家族の成立が学問の成立を促したのは、引退したじいさん、ばあさんが孫に教えるからなんだ、というわけです。

出口　これは一般に「おばあちゃん仮説」といわれています。本来、人間は動物なので、次の子孫をつくったらもう大人に用はないので、死んでいくはずなんですよ。ところが実際には、もう子孫を残せない年齢になっても長生きしています。昔は歯医者もありませんから、歯がボロボロになった高齢者に食事をすり潰して与えるのはすごくコストがかかるんですが、どういうわけか人間の寿命は長い。なんでそんなことになったのかというと、高齢者の経験（知恵）を活用することによって群れ全体が賢くなって、生き残る確率が高まるからです。そのために、生殖能力がなくなっても、ホモサピエンスは高齢者を長生きさせたというのが「おばあちゃん仮説」です。そういう面では動物とホモサピエンスは違うんですね。

孔子のいう「礼」は鹿島さんがおっしゃるとおりで、平たくいえば、差別化戦略です。人間社会の最初はプロレスのバトルロワイヤルのようなもので、大勢の中でいちばん強い者が王様になるわけです。殴り合いでも、プレゼントの量でもいいんですが、負けた連中は「あいつが強いんだから、しゃあないな」と思うわけです。

でも、最初は体力や財力で決めてもいいのですが、その王様が歳を取って次の人に交代するときに、いちいちバトルロワイヤルをやっていたのでは社会が安定しない。これは群れ全体にとっても良くないので、王位継承を安定させるために人類は二つの方法を考えました。一つは「血統」です。特別な血を受け継いでいるから王様にふさわしい、と考えるんですね。「殴り合いをしたら俺のほうが強い」と思う人も、「でも、おまえさんには王家の血が流れていないやろ」と指摘されたら、仕方がないじゃないですか。たとえばフランスのメロヴィングという最初の王朝の祖先は、海の獣と人間のあいだに生まれた子どもですよね。「おれの祖先は海から現れた神様と人間が産んだ子どもやで」といわれたら、普通はとてもかなわないから「負けました」と思うでしょう。

もう一つの方法は、礼儀なんですよ。たとえば座席の順も、「こういう理由でこういう順に座りますよ」と決められたら、人間って「なるほど」と従うじゃないですか。そういう秩序ができあがったら、五番目の席順の人はすぐには一番になれないですよね。がんばって次は四番、その次は三番に上がっていこうと考える。ですから、礼儀というルールは実は差別化戦略の一つで、王権を安定させる効果があるのです。

日本の古代の天皇制も、中世からやたらに有職故実（ゆうそくこじつ）が詳しくなりますよね。これに対して「そんな面倒臭いことはやってられん」と最初に抵抗した実力者が、平清盛（たいらのきよもり）でした。京都にいると儀式にばかり呼び出されるので、「これでは政治なんかできへん」ということで、福原（ふくはら）に引っ込んだ。そうすると儀式に出なくていいのに加えて、もうひとつメリットが生まれます。京都には子どもを置いているので、天皇や上皇が何かいったら、それを聞いた子どもに「ちょっとお父さんに聞いてきますわ」といわせて、時間を稼ぐことができる。そうやって宮廷から距離を置く権力のあり方を模索した結果、平清盛は福原にいながら六波羅に幕府を開いて、日本最初の武家政権をつくりました。源頼朝はこれを真似て、軍事警察権さえ持っていれば京都にいなくても大丈夫だということで、鎌倉を出ずに政治を行なうわけです。

一方、足利義満は儀式に対する考え方が清盛とは正反対でした。彼は勉強が好きだったので、「面倒臭いけれど、いっぺん覚えてしまえばこちらの勝ちだ」と考えたんですね。「ガンガン礼儀を勉強しておれのほうが詳しくなったら、朝廷もいうことを聞くやろ」というわけです。日本の歴史の中では、儀式に対してこの二つのパターンがありました。清盛も義満も傑出した人物で、武家で太政大臣になったのは近世以前ではこの二人しかいません。

中国に話を戻すと、まさに鹿島先生の比喩のとおり、孔子はブライダル教室の校長のような存在でしたが、実は「礼」といわれるもののかなりの部分は孔子が創ったと思うのです。彼が理想としたのは周公旦という周の大宰相で、孔子は、何度も「周公旦の夢を見た」と述べています。孔子が生まれた魯という国は周公旦の子孫が治めていたので、「自分の国の先祖はきっとこういう礼儀作法で諸侯を仕切っていたにちがいない」と考えたのでしょう。全部が創作だとは思いませんが、夢で見たものを自分なりに再構成したのが、孔子の「礼」だと思います。そのノウハウを諸侯に売ることで、自分の教団が食べていけるようにした。さまざまな諸子百家がお互いに差別化戦略を練る中で、孔子はそういう形で生き残ろうとしたのではないかと思います。

礼儀は血統と結びついたルールですから、それを説くことで「太古の王様はこんなに立派だった」という話になるんですね。ですから、伝説の帝王といわれる堯・舜・禹とか、周の文王や武王といった人々が脚光を浴びるようになったのも、おそらく孔子の時代からでしょう。孔子のブライダル学院があまりにも流行ったので、「昔ほど立派な王様がいた」という考え方が中国の伝統になっていくわけです。ちょっと考えてみたら、昔のほうが野蛮で生産力も低いので、そんなに立派な人がいるはずがないんですけれども。それを「昔のやり方が常に正しい」というルールを創ってしまったわけですから、孔子はすごい人ですよね。その結果中国では、復古がいちばんになり、改革は常に復古の形を取るようになっていくのです。

文献学者であると同時に哲学者になった孔子

鹿島　直系家族についてもうひとつ特徴を挙げると、それは土地私有と結びついていることです。当たり前ですが、農地が私有でなければ、それを大切に子どもに伝えようなんて誰も思いません。たとえば現代人でも、賃貸の団地住まいのときは子どもに「まあ、好きなことをやってくれれば」なんて言っていたのが、マンションを買うと途端に教育熱心になったりするのと同じです。

直系家族と土地私有が結びついて代々やっていくと、先祖崇拝、原始シャーマンが生まれます。孔子さんも、当初は半分ぐらい原始シャーマンでした。それが途中から変わったんです。直系家族的もしくは先祖崇拝的な狭い共同体のルール、一族が大きくなると「宗族」と呼ばれるもの――これは中国にまだありますけれども、孔子はたぶんそういうものが嫌だったので、そこからフィロソフィーに転換したんです。つまり、血統的な直系家族的なものに普遍性や一般原理を求めた。単に「じいさんのそのまたじいさん」という個々の話からドーンと飛躍して、殷や周、その前の夏(か)という王朝にも偉い人がいたんだぞ、と。

そうやって遠い先祖に飛んだのが、彼なりの一般化だったんですね。

出口　そこにも中国の歴史の影響があります。当時は「戦国の七雄」と呼ばれたとおり、七つの大きい国ができつつあった時代ですよね。中国の面積と人口はヨーロッパより大きいので、いわばその領域内にドイツ、フランス、イタリア、イングランドが全部あるようなものでしょう。そう考えると、たとえばイタリアにルーツがある自分の先祖だけの話をしていたのでは、ドイツでは「そんなの自分たちには何の関係もない」ということになってしまいます。これでは、中国全体を相手に商売ができません。どの国にも売るためには、一般化が不可避です。夏、商、周といった伝説の王朝を普遍化して、「いまは七つの国に分かれているが、もともとは中華（中国）という一つの国があって、そこに伝説の人がいたんやで」と時空を広げて一般化を行なえば、どこの国にも売れるわけですよ。そうやって、諸国をめぐりながら自分の考えを売って歩いたんだと思います。

鹿島　孔子がやったのは、ドイツ的な意味での文献学あるいは系譜学なんですね。文献学（系譜学）とは、単に昔の文献を調べるだけではありません。たとえばニーチェは『道徳の系譜』というすごく面白い本の中で、聖書の記述に混在している古い内容と新しい内容を見分けてるんですが、それがまさに文献学的な方法です。孔子のやった文献学もそれと同じようなものです。『詩経』や『易経』などに含まれている古いものと新しいものを見分けた。その意味で、孔子は文献学の元祖ともいえます。
そういう文献学をやっていくと、古いものと新しいものがある種のルールのもとで体系化されるので、人に教えることができますね。すると、教わる人から「先生、なぜ古いほうが偉いんですか？」と質問される可能性があるので、なぜ古いほうが良いのかということを理屈づけなければいけません。ここで必要になるのが、フィロソフィーです。哲学というと、何やら深遠な難問と向き合うようなイメージを持つ人が多いのですが、その根本は「思考のルール」です。物事を考えるときにはいろいろなルールがあって、問題によって「それはこういうルールで考えるのがベストだよ」というものがある。そういう点で、哲学は論理学と微妙に重なる部分もあるんですが、孔子はそれをやりました。なぜ古いものが良いのかといった問いを自ら立て、自らそれを解こうとして勉強しているうちに、文献学者になると同時に哲学者になっちゃったんでしょうね。

出口　そうですね。「自分は周の礼節を発見した」「太古のルールをすべて知っている」と売り込むためには、自分で昔の文献を集めなきゃいけないし、みんなにその内容の正しさを整合性のある形で説得できるようにしなければいけません。孔子は、それを広く売りに行けるよう、古いものや新しいものを整理し、どこの国でも通用する儀礼マニュアルを作って、弟子に教えていた感じですよね。

孔子は、どこかの国の大臣になって、給与をもらおうとしていた節があります。そこに自分の弟子を連れていって、政治をやろうとした。しかしどこの国でも、「たしかに立派な教えだが、うちの国ではイマイチやな」という話になってしまって、お払い箱になるわけですよ。とりあえず話は聞いてくれるけど、みんな「こんなグループを雇ったら、えらい出費やな」などと思うんでしょうね。それで最後は孔子も大臣になるのは無理だと諦めるんですよ。その代わり、自分が勉強してきたことを体系化し、普遍化して、それを弟子に教えた。それを各国へ売りに行った弟子の中から、ひょっとしたらいつか大臣が出るかもしれないという思いもあったのでしょうね。

これは、意外にもプラトンと似ているんですよ。プラトンも結構おっちょこちょいなところがあって、いまのシチリア島に行って実際に政治をやってみるんですが、やはり頭で考えているようにはいかない。現実の政治は、海千山千の相手との駆け引きがありますからね。時にはいうことを聞かない相手を脅したり、逆に頭を撫でたりもしなければいけません。それがプラトンにはできなかったので、最後はアカデメイアという学園を創って、そこで一所懸命教えることにした。そういう面では孔子とプラトンはよく似ています。

一色に染まらない「諸子百家」の多様性が中国の強み

鹿島　ところで、中国史を勉強した人間誰しもが疑問に思うのは、孔子が『論語』で描いている理想は実際の中国人とまったく関係ないんじゃないの？　ということです。『論語』という立派な書物があるけれど、中国人のメンタリティはこれと全然違う。一体どういうこっちゃ、という。

出口　諸子百家にはいろいろなバリエーションがあります。その中でも儒家はけっこう真面目に「勉強せえ」と立派なことを説くわけですが、人間、頭では勉強が大事だとわかっていても、毎日のように「勉強しろ勉強しろ」といわれると、子どもでも大人でも嫌になりますよね。真面目な人たちはいわれたとおり一所懸命働くんですが、賢いインテリは「べつに勉強したって役に立つとはかぎらへんで」「人生なんてほとんど運不運で決まるんやで」などと斜に構えて考えます。

　そういう人には道家、いわゆる老荘思想がピッタリ合うんですよ。老荘ってめちゃくちゃで、眠ったら蝶になっていたとか、ロジックも何もない。インテリって、そういうわけのわからないものに弱いんですよ。

　その一方で、村もギルドも頼りにならない中国社会には、任侠団体がお互いを助け合うような庶民の世界があります。直系家族が土地を私有すると村から離れられないんですが、中国はものすごく流動性の高い社会なので、高尚な思想とは関係なく、実利優先で生きていく人たちがたくさんいるわけです。そういう人は、陰陽五行説などを信じている。

　さらに官僚たちはもっとクールで、理屈なんかどうでもいい。こんな広い国は中央集権で、文書行政で治める以外にないと考えています。これは「法家」と呼ばれる立場ですね。

　そんな具合に、思想的には儒家、道家、陰陽家（いんようか）、法家などのさまざまなバリエーションがあって、その下には庶民たちの現実的な「対策」がある。そういうさまざまな選択肢があることによって、中国社会は安定してきたのです。ひとつの色しかなかったら、やはり保（も）たないんですよ。どんなに立派な教えでも、嫌な人は嫌なわけですから。

　僕も子どもの頃にはカントを読んで、「永遠平和とかすごいな」「はやく世界連邦ができたらええな」などとアホなことを考えていたのですが、いま思えば世界連邦はディストピアそのものですよね。なぜかというと、その連邦政府がどんなに立派な政治を行なっても、嫌な人は嫌だと思う。ところが世界連邦ひとつしかなかったら、それが嫌な人が亡命する先がなくなるでしょう。やっぱり人間は一色には染まらないので、いろいろな選択肢がないとダメなんですよ。そういういろいろな人が共存していることが中国社会の強みだと思います。

四大文明は別々に生まれたのではない

鹿島　中国人と日本人が戦ったとき、一対一なら絶対に中国人が勝つけれど、一〇対一〇なら日本人が勝つ、とよく言われるんです。中国人は一人のときは強いけど、集団になるとてんでバラバラ、諸子百家になっちゃうというんですね。一方、日本人は一〇人でも二〇人でも一本にまとまるので、団体競技になると強い。陸上の短距離走でも、リレーではメダルが獲れたりするわけです。

話は変わりますけれど、僕は共立女子大学で三〇年、明治大学に移ってから一二年、教師をやり、二〇二〇年で終わりなんです。明治に移籍して驚いたのは、場所はすぐ近くなのに明治と共立は全然違う大学なんですね。共立は鳩山家の大学ですから、完全な直系家族大学。直系家族大学だと、上意下達かと思うとさにあらず、全体的に意思決定がファジーなんです。組織形態もそうなんですよ。教師がいて、事務がいるんですが、そのあいだに「副手（ふくしゅ）」というショックアブソーバーみたいな人がいるんです。こちらの言い分とあちらの言い分を、お互いが受け入れられるように上手くまとめてくれるとてもありがたい存在でした。僕みたいな怠け者を、事務がいきなり「こら！」って言うと、こっちも頭に来るでしょ？　でも副手さんを通してくると、「わかったわかった、もうちょっと待ってね」とかそういう感じになるんです。そういうファジーな組織形態で、きちっとしたルールもない。ところが明治に行ったら、大所帯だから、あいだに立ってくれる副手っていないんですよ。

出口　組織がかっちりしていますよね。

鹿島　そうなんです。あいだに副手を置かずに、教師と事務をどうやって結びつけたらいいかというと、これは法家の思想ですね。つまり、何かあったときは全部ルールで解決するんです。たとえば入学試験でも、終了五分前に必ず「試験はあと五分で終わります」と言わなきゃいけない。規則に書いてあるから、そのとおりに読まなきゃいけません。そうやってすべてルールを文章化して、全員に行き渡らせるんです。先ほど出口さんがおっしゃったように、所帯が大きくなると始皇帝方式の中央集権を取らないと難しいんですよ。

日本で直系家族が生き残ったのは、やはり国の規模が小さかったんだと思います。孔子は魯という小さな国の人でしたが、中国は秦の始皇帝の時代に法家思想になりました。エマニュエル・トッドはその理由を次のように説明しています。法家は中央集権で、共同体家族。これはもともと遊牧民の平等な家族形態から派生したものです。モンゴルで遊牧民が暮らすパオ（ゲル）の中には、核家族が何世帯も入ってるんです。親類なんだけど、一応、それぞれ核家族なんです。それがみんな平等なんですね。その平等の核家族を大親みたいな人がまとめている。そのいちばん偉い人が死ぬと、財産を平等に分ける。遊牧民の財産は農地じゃないから、分けられるんです。農地は分割したらどんどん小さくなっていっちゃうけど、羊、牛、馬は分けられる。

この説で僕はピンと来たんです。フランス語は数え方が独特で、一から数えていくと、「soixante（ソワサント）」、つまり六〇で終わっちゃうんです。七〇は「ソワサント・ディス soixante-dix（六〇足す一〇）」と言うんですよ。ところが八〇は足し算ではなく、今度は掛け算になり、quatre-vingts（カトル・ヴァン）ですから「二〇が四つ」となる。こういう複雑な数え方になるのは、もともと遊牧民的な六〇進法だったのが、一〇進法のローマ文化と接触して、接ぎ木になったからなんですね。ではなぜ遊牧民の数え方が六〇進法だったかというと、六〇は最大公約数が多くて、何人でも割れる。二でも三でも四でも五でも六でも割り切れるでしょ？　七では割れませんけども。つまり子どもが六人までなら財産を平等に分割ができる。それが六〇進法の始まりなんだと思います。

そういう遊牧民的な平等な家族と、孔子的な直系家族がどこかで接点があったのだろうというのがトッド理論です。平等な遊牧民のほうに、父親と長男が偉いという直系家族が入り込んで生まれたのが、始皇帝の帝国の共同体家族だったというのが彼の仮説ですね。

出口　僕はトッドの家族理論には必ずしも賛同できないのですが、草原の遊牧民と中国の農耕民が接合して、黄河文明が生まれたという仮説はほぼ裏付けられています。これまで四大文明はみんな大きな河川のあるところで別々に起こったと考えられていたじゃないですか。チグリス・ユーフラテス川、ナイル川、インダス川、黄河のほとりに、それぞれ別々に起こったと思われていた。ところが現時点では、たぶんそうではないと考えられているのです。まずメソポタミアに起こった文明が周辺に刺激を与えたことでエジプト文明が起こり、次にやはりメソポタミア文明の刺激を受けてインダス文明が起こり、それから約一〇〇〇年を経て黄河文明が起こった。なぜそういえるかというと、商や周の戦争ではチャリオットが使われているんですよ。チャリオットとは古代の戦車です。一人が馬を御して、一人が弓を射る。あるいは宦官（かんがん）という制度。これらはいずれも明らかに遊牧民の伝統なんです。ですから、おそらく四大文明はバラバラに起きたのではなく、メソポタミアの文明が起点になっている。それぞれの土地に波及するのに時間がかかっただけで、みんなメソポタミアの影響を受けているわけです。だとすれば、中国の文明も西北から来ているんですね。

もっと粗っぽくいえば、中国という社会は、西北からきた遊牧民と、稲を作っていた長江の文明の接点として捉えることができます。国をつくるのは常に西北の方ですから、遊牧民のつくった国の制度が中国の国制になりました。こういった現在の歴史学の見方とトッドの捉え方は結果的にはほぼ同じなので、いま「中国とは何か」がとても面白いテーマです。先ほども少し触れましたが、最近、岩波書店から出た全五巻の『シリーズ　中国の歴史』が完結したのですが、これがめちゃ面白い。中国を、草原、中原、江南、海域の四地域に分けた上で、中国を「草原社会の東部と海域社会の北部が出会う場所」と定義しています。こうした人々のダイナミズムで歴史を捉えると、とても面白いですよね。

明治維新の朱子学と戦後の工場モデルが日本を男尊女卑にした

鹿島　最後に、出口さんが強く同意されるという「日本の課題は男女差別だ」というトッドの指摘のことにも触れておきましょう。日本の場合、女性進出が遅れていることが大きな問題です。しかしトッド理論によると、現状は問題だけれども、いったん変わり始めたら一気に男女平等の社会が生まれてくるはずなんです。
　というのも、日本は世界から見れば辺境もいいところですが、辺境の社会は不思議なことに男女平等なんです。女王がいたのはイングランドであって、フランスではありません。中国には生まれついての女皇帝は一人も生まれていない。

出口　皇帝は武則天だけですね。

鹿島　その武則天、則天武后も后妃だった人が皇帝になったロシアのエカテリーナ型で、マリア・テレジアやエリザベス女王のような生まれついての女帝ではない。これに対して、日本には卑弥呼がいた。まあ、神功皇后は女王ではなかったけれども。

出口　何より日本という国号、天皇という称号を確立し、天照大神のモデルとなった持統天皇や元明天皇がいますからね。

鹿島　そう。そういう双系制の社会が日本の基底にある。たとえば日本的直系家族とドイツ的直系家族を比較すると、日本的直系家族のほうがちょっと女系に傾いてるんです。

出口　古代の日本が双系社会というのは、もう、ほとんどの学者のあいだで共通の見解になっていると思います。その日本で男女差別がなかなか解消しないことには、たぶん二つの要因があると思います。一つは、明治維新。国民国家を創ろうとしたら、いちばん簡単な方法は「英雄」を持ってくることなんですよ。たとえば、モンゴルはチンギス・カアンの子孫です。ウズベキスタンはティムールの子孫です。フランスは、フランス革命で各国が攻めてきたときにナポレオン一世が、ジャンヌ・ダルクを再発見して、「みんなジャンヌ・ダルクの子孫なんだ。頑張ろう」といってフランス国民を創ったわけですよね。

ところが日本にはそういう英雄がいなかったので、天皇制という制度をネイション・ステートのコアにしました。こういう制度はそれこそ儀式がないとサマにならないので、儀式も新しく作ったんですよ。ところがその儀式を作るためのロジックも日本（神道）にはなかったので、朱子学を持ってきた。これは小島毅（こじまつよし）先生の『天皇と儒教思想』（光文社新書）という本に詳しく書かれていますが、そこで朱子学を使って天皇制と家父長制をセットにして国民国家を創ったので、男尊女卑の社会になったというわけです。朱子学は男尊女卑の学問ですからね。

もう一つ男女差別を根づかせたのは、戦後の製造業における工場モデルですね。力が強い男性の長時間労働を実現するために、配偶者控除や三号被保険者といった制度を作って、「男は仕事、女は家庭」という性分業を国を挙げて推進した。明治維新の朱子学と戦後の工場モデルのダブル効果で、日本の女性の地位は一五三カ国中一二一位（ジェンダー・ギャップ指数二〇二〇）という恥ずかしくて道を歩けないレベルになってしまったのです。

しかし僕も鹿島先生と同じで、日本はすぐに良くなると思っています。こんな順位では恥ずかしいと思った女性のみなさんが、男のいうことなんかいっさい聞かずにガンガン仕事をされれば、あっという間に順位が一〇〇番ぐらい上がりますよ。

そのためには配偶者控除や三号被保険者という歪んだ制度を早く廃止して、すでに世界の一三〇カ国以上で導入されているクオータ制を採り入れることが肝要です。また、「男と女は違うけれど平等だ」という異質平等論とも闘わなければなりません。この考えは一見開明的に見えますが、世界の七八億人もの人を男と女という二つの箱に分けて考えるので、抑圧的な発想を生みやすい。たとえばこの考えは、男らしさ、女らしさといった発想を生み出し、それに馴染まないLGBTQ+の人たちを苦しめます。

「個人差は性差や年齢差を超える」というのが現在の世界のダイバーシティ&インクルージョンのベースになっている考え方ですので、私たちは異質平等論というアンコンシャス・バイアスをなくしていかなければなりません。男女差別が、わが国の経済の低迷（世界をリードしているサービス産業のユーザーの七割は女性）や少子化の根本原因だと知るべきです。

鹿島　そうですね。いま世界で少子化が問題になっているのは、直系家族および共同体家族の男系の強いところばかりなんです。反対に、フランスや英米のような核家族の国では合計特殊出生率は二に近い。こうした現象がなぜ起こるかといえば、それは男系の強い直系家族や共同体家族における女性のセックス拒否反応、出産拒否反応なんです。「こういう社会では結婚したくないし、子どもなんか産みたくない」という拒否反応が少子化を招いている。でも日本はもともと双系制の辺境で、純粋な男系的要素は中国からの輸入品で、本来は希薄ですから、変わるとなれば、あっという間に変わるはずなんです。

というわけで、『論語』から少子化と日本の家族類型の話にまで広がりました。時間が来ましたので、これで終わりにしたいと思います。

出口治明が薦める

関連図書

『シリーズ 中国の歴史』全五巻

渡辺信一郎、丸橋充拓、古松崇志ほか 岩波新書 2019〜2020年

中国史の現時点における最良の学問的成果がこのシリーズには収められています。

『天皇と儒教思想:伝統はいかに創られたのか?』

小島毅 光文社新書 2018年

明治国家が朱子学の助けを借りて、天皇制とイエ制度をコアにして国民国家を創ったいきさつが詳しく書かれています。

『論語:心の鏡(書物誕生——あたらしい古典入門)』

橋本秀美 岩波書店 2009年

初めての人が『論語』を学ぶ上で、ベストの入門書の一冊だと思います。

『都市国家から中華へ:殷周 春秋戦国(中国の歴史2)』

平勢隆郎 講談社学術文庫 2020年

中国の威信財交易や文書行政の歴史がよくわかります。

『諸子百家:儒家・墨家・道家・法家・兵家』

湯浅邦弘 中公新書 2009年

諸子百家相互間の関係がとてもよくわかります。

『炎上CMでよみとくジェンダー論』

瀬地山角 光文社新書 2020年

最新のジェンダー論をテレビコマーシャルで読みとくユニークな本ですが、アンコンシャス・バイアスの恐ろしさがよくわかります。

拙著では『世界一子どもを育てやすい国にしよう』(駒崎弘樹氏との共著、ウェッジ、2016年)と『世界史の10人』(文春文庫、2018年)

内田 樹（うちだ たつる）

学塾「凱風館」主宰。思想家。武道家。神戸女学院大学名誉教授。

東京大学文学部仏文科卒業。東京都立大学大学院博士課程中退。神戸女学院大学を2011年3月に退官。専門はフランス現代思想、武道論、教育論、映画論など。著書に、『街場の現代思想』、『私家版・ユダヤ文化論』（第6回小林秀雄賞受賞）、『日本辺境論』（2010年新書大賞受賞）、『日本習合論』、『若者よ、マルクスを読もう』（共著）、『変調「日本の古典」講義』（共著）ほか多数。第3回伊丹十三賞受賞。1950年、東京生まれ。

鹿島茂

第4章

内田樹

『ルイ・ボナパルトのブリュメール18日』――ジャーナリスト、マルクスの最高傑作

『ルイ・ボナパルトのブリュメール18日［初版］』

男子普通選挙で大統領に当選した
ルイ・ボナパルト（ナポレオン・ボナパルトの甥）。
彼はクーデタで議会を解散して独裁体制をしくが、
このクーデタは、国民投票で圧倒的多数をもって承認された。
それはなぜか？
その問いを饒舌に語る「政治ドキュメント」。

カール・マルクス［著］
植村邦彦［訳］
柄谷行人［付論］
平凡社（平凡社ライブラリー）
2008年9月刊

ジャーナリストとしてフランスの政治状況を分析

鹿島　『ルイ・ボナパルトのブリュメール18日』は、一八四八年に『共産党宣言』を発表したカール・マルクスが、ドイツ三月革命の失敗でアメリカに亡命したドイツ人のためにドイツ語で、フランスで一八五一年に起こっているクーデタを説明、論考した本です。ブリュメール一八日とは、ナポレオン・ボナパルトが総裁政府を打ち倒して第一統領となったときのクーデタの日の革命暦の日付で、ナポレオンのクーデタの名称となりました。ナポレオン一世の甥のルイ・ボナパルト大統領が一八五一年一二月二日にクーデタを起こし、皇帝ナポレオン三世となろうとしていたことを、マルクスはブリュメール一八日になぞらえて『ルイ・ボナパルトのブリュメール18日』としたのです。ルイ・ボナパルトがクーデタを起こしたのは一八五一年一二月二日、皇帝に就いたのが一八五二年一二月二日。そしてマルクスがこの本を書いたのは一八五二年。まさに同時代を追ったドキュメントです。

歴史には、世界同時に変革が起きる「変わり目の年」があります。二〇世紀なら、一九六八年。一九世紀なら、フランスで二月革命が起き、それが波及してドイツとオーストリアの三月革命が起き、マルクスとエンゲルスが『共産党宣言』を出した一八四八年が変わり目の年でした。

その前に、フランスでは一七八九年にフランス革命が起きています。当時フランスでは、革命が過激化していきジャコバン党の独裁による恐怖政治になりました。そこから反動が始まります。五人の総裁が行政を担当する総裁政府の段階を経て、一七九九年に議会でナポレオン・ボナパルトがクーデタを起こして全権を掌握しました。

ここで、本題に入る前に、「ナポレオン」という呼び名について歴史的な講釈をしておきましょう。この『ルイ・ボナパルトのブリュメール18日』というタイトルもそうですが、マルクスは絶対に「ナポレオン」とは呼びません。フランスでも、王党派の人たちはいまだに「ボナパルト」と言い、「ナポレオン」とは呼びません。なぜかというと、ナポレオン・ボナパルトは「ボナパルト」が苗字で、「ナポレオン」はファーストネームなんですね。

ふつう、ある人が王様や皇帝になると、苗字が取れます。私がもし王様や皇帝になったら、「鹿島」が取れて「茂」だけになる。そういうシステムなので、ルイ一六世は、大革命で王位を剥奪されてギロチンにかけられたとき、ルイ一六世ではなく「ルイ・カペー」として死にました。王権を剥奪されて平民になっているので、苗字が戻ったわけですね。

ナポレオンも、ナポレオン・ボナパルトだったのが皇帝になったときに苗字が取れて「ナポレオン」というファーストネームだけの存在になりました。つまり、不用意に「ナポレオン」と呼ぶと、彼が皇帝であると認めたことになるんです。彼が皇帝だと認めない立場の人は必ず「ボナパルト」と呼ぶのです。ナポレオン三世の場合、フルネームなら「シャルル＝ルイ＝ナポレオン・ボナパルト」でいいんですが、マルクスは彼が皇帝になりそうなことに頭に来ていたので、あくまでも「ナポレオン」を使わず「ルイ・ボナパルト」と呼んでいるわけです。

話を戻しましょう。一七九九年にナポレオン一世が全権掌握しました。第一帝政の始まりです。しかし一八一五年にワーテルローの戦いに負けたため、ナポレオン一世はセント・ヘレナ島に流されてしまいます。

その後、処刑されたルイ一六世の弟だったルイ一八世が戻ってきます。これがいわゆる「王政復古」(正確には第二次王政復古)。それが一八一五年から一八三〇年まで続きます。ところが一八三〇年にシャルル一〇世が新聞を弾圧したために、共和派が蜂起して七月革命が起きる。しかし、共和派が勝利するかと思った矢先に、ティエールをはじめとしていろいろな人が策動し、ブルジョワジーの支持も得て、ブルボン王朝の分家だったオルレアン家のフィリップ・ドルレアンが王様に迎えられました。ルイ一四世の弟フィリップの家系の人ですね。

そこで始まったのが七月王政です。ルイ・フィリップは非常に物わかりのいい王様でした。気取りがなく、こうもり傘を下げて街を歩く気さくな王様という感じで、七月王政は意外とよくできていました。僕は好きなんです。王様はそんな悪い人ではないし。バルザックが生きた時代で、左右が激突して、力のあった時代なんです。よもやルイ・フィリップの王朝が二月革命でここまで脆く崩れるとは誰も思わなかった。

きっかけとなったのは二月革命の直前に、新聞「ナショナル」が「改革宴会」の開催を呼びかけたことです。政治集会が禁止されているので、「政治集会でなくて宴会ならいいだろう」とみんなで酒を飲みながら集まったんですね。それを弾圧しようと軍隊が出動したときに、あの二月革命が起こるんです。

二月革命の後は、ヴィクトル・ユゴーの次ぐらいに偉い詩人のラマルティーヌが首班となって、ルイ＝ブランやルドリュ＝ロランなどいろいろな立場の人が呉越同舟で臨時政府を作りました。臨時政府を作ったのはなかなか良心的なやり方です。本来ならそこで一気に独裁制で「共和制樹立」と宣言してしまえばいいのですが、フランス革命のときと同じように「まず憲法」という話になって、憲法制定議会を作った。その後さらに国民議会(Assemblée nationale)を作り、その後で普通選挙で大統領を選ぶことになるんです。

マルクスはその二月革命の直後から、一人のジャーナリストとしてフランスの政治状況を分析し、ドイツ語の新聞に寄稿していました。それが、この『ルイ・ボナパルトのブリュメール18日』です。この本を読むと、何がすごいかって、マルクスの抽象化能力の素晴らしさに驚嘆します。目の前にあるトリヴィアルで具体的な政治状況を見て、頭の中で普遍性のある図式を描ける人なんです。

そういう人が書いたものでなければ、フランスのわずか三年間の政治状況をジャーナリスティックに分析した本など、すぐに読み捨てられてしまうでしょう。歴史学者以外は、この状況を知りたいとは思いません。しかしマルクスの抽象化能力のおかげで、誰が読んでも「ここに書かれていることは、どの時代のどこの国でも当てはまるのではないか」と思えてくるんです。実際、同じ状況が現れると、マルクスが記述したとおりになるんです。それはそれで本当に困ったことなんですけど。

典型的なパターンの一つは、革命みたいに大がかりな政権交代が起こると、いろんな勢力が「あーだこーだ」と騒いでいるうちに、オレが革命を収拾してやるみたいな感じの人が現れる。その人自体は、エスタブリッシュメントから見ると、ほとんどゴロツキみたいな得体の知れない人なんです。しかしそういう人間が現れると、どういうわけか、エスタブリッシュメントは、間抜けでアホだと侮(あなど)っていたそのゴロツキみたいな人物に見事にしてやられる。そして、そのゴロツキみたいな人が作った「独裁政権」にみんなひれ伏してしまう。二月革命後ではそうやってルイ・ボナパルトが権力を握ったわけですが、同じことが世界で、その後、何度も繰り返されているんです。二一世紀になって、この状況はますます世界的、普遍的になっています。

今回改めてこの本を読み返して、それを抽象化していたマルクスはやはりすごいと思いました。それで、今回、この本を内田さんと一緒に読もうと思ったわけです。

マルクス一流のレトリック

内田　『ルイ・ボナパルトのブリュメール18日』は、政治ドキュメントなんですけれども、鹿島先生がご指摘のとおり、出てくる人物全員が二流、三流なんです。かつて司馬遼太郎(しばりょうたろう)がノモンハン事件を書くために資料を集め、取材を重ねたけれど、ついに書けなかったということがありました。そのときの書けなかった理由は「感情移入できる人物がひとりもいなかった」からだそうです。でも、マルクスはそれを書いたわけですね。この『ルイ・ボナパルトのブリュメール18日』も出てくる中に、感情移入できる人物が見事に一人もいない。登場人物がみんな小粒で、二流、三流の人間しか出てこない。小悪党とか、茶坊主とか、ゴロツキとか、根性なしとか、そんなのばっかりです。政治的事件としても、このクーデタは、一八四八年の二月革命に比べたら挿話的な事件なんですよね。

そもそも、ルイ・ボナパルトを真剣に研究する人って、あまり聞いたことないですよ。日本で研究しているのは、鹿島さんくらいじゃないですか。それくらいに魅力のない人なんですよね（笑）。

第二帝政も、最後はセダンの戦いで皇帝が捕虜になるというアンチクライマックスな終わり方をした。いまでも「第二帝政」という名称は残っていますけれど、それは家具や建築様式くらいで、それ以外ではほとんど見るべきところがない治世なんですよね。

鹿島　まあ、ルイ・ボナパルトについての評価は後に回すとして、第二帝政という時代が趣味が悪いことは認めなければならない。ガルニエが設計したオペラ座を高く評価する人も多いけど、建築家が見ると、それまでのありとあらゆる建築様式を集めてごちゃ混ぜにした究極の折衷様式だと指摘します。設計したガルニエに、ナポレオン三世の妃のウジェニーが「これは一体、何様式なの？」と聞いたら、「これはですね、第二帝政様式といいます」と答えたという有名なエピソードがあります。

内田　二流の政治的事件に二流の政治的人物が登場するドキュメンタリーであるにもかか

わらず、この本はめちゃくちゃ面白い。では、なぜこんなに面白いのか。

　僕が最初にこの本に注目したのは、クロード・レヴィ＝ストロースが何かに書いていたんですが、論文を書く前にとりあえず『ルイ・ボナパルトのブリュメール18日』を本棚から出してパラパラと数ページ読むんだそうです。そうすると「頭にキックが入る」という。これは僕も実感としてわかるんです。コンテンツはどうってことない二流の政治的事件なんですけれども、その底の薄いコンテンツを捌(さば)くマルクスの手際の鮮やかさは一流なんです。

　マルクスは実にレトリックが上手い。アメリカの民主党の若手議員にオカシオ＝コルテスという雄弁家がいますけれど、彼女の雄弁術もマルクスに似てますね。同じ構造の文を、ちょっとずつ単語を替えながら繰り返すんです。歌詞の一部を替えながら、同じフレーズを何度も繰り返していると、ちょっと魔術的な効果がありますけれども、マルクスの雄弁術もそれです。ちょっとやり過ぎじゃないかと思うくらい同じフレーズを繰り返す。たとえば、こんな箇所。引用してみますね。

〈ブルジョアジーはサーベルを神に祭り上げた。サーベルが彼らを支配する。彼らは革命的新聞を全滅させた。彼ら自身の新聞が全滅させられる。彼らは民衆の集会を警察の監視下においた。彼らのサロンが警察の監視下におかれる。彼らは民主派の国民衛兵を解散した。彼ら自身の国民衛兵が解散させられる。彼らは戒厳令を布告した。彼らに対して戒厳令が布告される。彼らは軍事委員会によって陪審員を押しのけた。彼らの陪審員が軍事委員会によって押しのけられる。彼らは民衆教育を坊主に従属させた。坊主が彼らを自分自身の教育に従属させた。彼らは判決なしに流刑にした。彼らが判決なしに流刑にされる。彼らは社会のあらゆる運動を国家権力によって弾圧した。彼らの社会のあらゆる活動が国家権力によって圧殺される〉

通常同一文型を繰り返す修辞法というのは、三回が上限なんです。同じフレーズを三回繰り返したら止める。ところがマルクスは、引用したこの箇所だけで九回繰り返しているんです。書いてるうちに乗ってきちゃったんでしょうね。なんかもう、レトリックが暴走し始めている。でも、こういうの読んでいるほうにとっては「たまらん」わけですね。

鹿島　そうですね。古い修辞学には「エヌメラチオ」＝「列挙」という技法があるんです。次から次へと列挙していくことで、その実態が重ね合わせでわかるというレトリックです。列挙によって中核を狭めていくと同時に、列挙によって周縁を広げていくんですね。そうすると、重なりの中から本質がくっきりと浮かび上がる。マルクスのそれは完全なエヌメラチオの技法です。

この部分は要するに、その「秩序派」が共和派を弾圧してやっつけたつもりでいたら、自分たちのやったことを全部ルイ・ボナパルトにやられちゃった。こん棒を用意したら、そのこん棒でコンと叩かれた、というようなレトリックですね。こういうマルクスのレトリックは本当にすごい。教養人だから、古典の要素もたくさん入っていますし。

過去の名言の引用も本当に多くて、たとえば、イソップの寓話から出た〈ここがロードス島だ、ここで跳べ！〉というのがあります。この言葉はヘーゲルが『法哲学』で使い、マルクスも『資本論』で引用したので有名になった言葉ですが、その意味は、「オレはロードス島の跳躍王なんだ」と自慢する人に向かって、別の人が「それならここがロードス島だと思ってここで跳んでみろ」といったという話から転じて、「たら、れば」ではなく、いまここで、創意工夫でなんとか切り抜けろというような意味に使われるようになりました。私の学生時代、活動家たちは「ここがロードス島だ」と言ったものでした。

内田 マルクスを読んで、そこから古典の教養を身に付けるということができましたからね。とにかく物知りなんですよ。

それにしても、ノンフィクション・ライターとしてのマルクスの手腕は天才的だと思います。仮にいま、二流の政治家たちが登場する二流の政治的事件についてジャーナリストが書いたドキュメンタリーがあったとして、それが一五〇年後にまで読まれている可能性は、ほぼゼロですよね。

鹿島　ゼロですね。

ヨーロッパからアメリカに亡命した「四八年世代（フォーティエイターズ）」

内田　どうして、マルクスの書く政治ドキュメンタリーはこんなに面白いのか。明らかに『ブリュメール18日』は「ジャーナリスト」マルクスの最高傑作だと思います。でも、このテクストがこれだけ面白くなったのは、特殊な成立事情が与（あずか）っているからだと思います。

そもそもは、ロンドン在住のマルクスに、ニューヨークでドイツ移民向けの『革命（Die Revolution）』というドイツ語雑誌を企画していたヨーゼフ・ヴァイデマイヤー（Joseph Weydemeyer, 1818–1866）という人が執筆を依頼したところから始まります。

ヴァイデマイヤーは「新ライン新聞」以来のマルクス、エンゲルスの盟友で、アメリカ最初のマルクス主義政治組織、アメリカ労働者同盟を立ち上げた活動家です。彼は、一八四八年の二月革命の敗北の後に、ヨーロッパからアメリカに亡命していた、いわゆる「四八年世代（フォーティエイターズ）」の一人です。ニューヨークに労働運動の拠点を形成しようとしていたところにフランスでルイ・ボナパルトのクーデタが起きた。でも、それがどういう政治史的な意味を持つ出来事なのか、よくわからない。たしかに、このクーデタはひどくわかりにくい政治的事件でした。こういう問題について、快刀乱麻を断つような解説を求めるとしたら、世界広しと言えどもロンドンのカール・マルクスの他におりません。そう考えて、ヴァイデマイヤーは、ロンドンのマルクスに対して、フランスで起きた事件について、アメリカに住むドイツ語話者のためにドイツ語で解説記事を書いて欲しいという非常にこみいった依頼をします。それに応えてマルクスが書いたのが『ルイ・ボナパルトのブリュメール18日』です。

このテクストの独特のテンションの高さは「四八年世代」を想定読者として書かれたという歴史的事実にかかわりがあると僕は思います。一八四八年の二月革命というのは、ヨーロッパ各地で君主制国家に対する自由主義・民族主義の反乱が同時多発的・連鎖反応的に起こり、ウィーン体制が崩壊したという出来事です。フランス、オーストリア、プロイセンなど各地で革命闘争が起きますけれど、いずれも民主主義的・自由主義的な政体の立ち上げには至らず、敗北します。その戦いを担った活動家たちが、反動的な政府の弾圧を逃れて、三々五々と散らばって、西へ亡命する。プロイセンの活動家たちは、フランス、ベルギー、イギリスと逃げて、最後はアメリカやオーストラリアに移住しました。この時期に、アメリカにはたいへんな数の社会主義者や自由主義者が流れ込んだのです。

移民たちがアメリカを目指した理由の一つは、ホームステッド法です。これはフロンティアの国有地を、定住して五年間開拓に従事した者に無償で払い下げるという制度です。最終的にはリンカーン大統領の時代に制定されるのですが、その先駆的なかたちの法律は一八四〇年代から存在しました。資本を持たない移民たちが自営農になるのを国が支援するという趣旨の法律ですから、ある意味社会主義的な、ヨーロッパで生活に困窮したり、あるいは革命闘争に失敗して警察に追われているような人たちは雪崩打つようにアメリカに向かった。いちばん多かったのは一八五三年で、年間二五万人がプロイセン、オーストリアからアメリカに渡ったそうです。マルクス自身も一八四五年にテキサスに移住しようとして手続きをしているくらいですから、当時のヨーロッパの革命家たちから見たアメリカのイメージがわかります。

四八年の市民革命に挫折して、アメリカに移民してきたばかりのこの「四八年世代」を読者にしてマルクスはどうしてフランスにおいて歴史的必然性のある二月革命が失敗して、その後に何の政治的理想も持たない二流の政治家が権力を得ることになったのか、そのプロセスについて書いているわけです。読者たちはいわばこの世界史的な事件の当事者たちです。自分たちがいったい、どのような政治史的文脈のうちで敗北を喫したのか、それをぜひ知りたい、そういう熱い思いを抱いているはずの読者に向けてマルクスは書いているわけです。だからこそこのドキュメンタリーは実にわかりやすく、説明としてすぐれているのだと思います。

もし僕が一八五二年のニューヨークに暮らす移民だとしたら、断片的に入ってくる報道だけでは、どうしてフランスでルイ・ボナパルトのクーデタが成功したのか、その意味がまったくわからなかったと思います。市民革命の後にどうして山師のような男が出てきて独裁者になれたのか……意味がわからなかったと思います。そんなところに、マルクスから『ブリュメール18日』が届いた。「マルクスさん、ありがとう」とロンドンに最敬礼したと思いますよ、ほんとうに。

ヴァイデマイヤーの『革命』誌に『ブリュメール18日』が掲載されたのと同じ年からマルクスの『ニューヨーク・デイリー・トリビューン（New York Daily Tribune）』への連載が始まります。おそらく、『ブリュメール18日』を読んだ編集長ホレス・グリーリーがすごいジャーナリストがロンドンにいると知って、マルクスにロンドン特派員の仕事をオッファーすることになります。

グリーリーは当時のアメリカのリベラルを代表する政治家・ジャーナリストで、ホームステッド法の推進者として知られていました。ですから、マルクスは当然グリーリーの名前を知っていたはずです。『トリビューン』は発行部数二〇万部で、これは当時ニューヨークで出されていた新聞の中のトップ、全米でもおそらく発行部数第一位の新聞だったと思います。『トリビューン』は一八四〇年代から七〇年代にかけて、アメリカで最も影響力の強いメディアの一つでした。マルクスはそこに定期的に寄稿していたのです。『トリビューン』の特派員に任用されてから一〇年間、マルクスは四〇〇を超す記事を英語で書きました。うち八四本はマルクスの署名なしで『トリビューン』の社説として発表されました。一八五二年から六一年までの一〇年間に四〇〇ですから、ほぼ一〇日に一度、『トリビューン』の読者たちはマルクスの記事を読んだことになります。それはちょうど南北戦争が始まる前の一〇年間に当たります。アメリカのリベラル派市民たちは『トリビューン』を読んで、世界中の出来事について、イギリスの帝国主義やインドの植民地支配や清(しん)朝の没落やアメリカの奴隷制度などについてのマルクスの精密で切れ味のよい分析を読み続けていたのです。これがアメリカ社会の世論形成にまったく影響を与えなかったということは考えられません。

ですからその後に南北戦争が始まったときには、アメリカのリベラル派はためらうことなく北軍に志願することになった。実際にヴァイデマイヤーはドイツ移民たちを糾合(きゅうごう)して大隊を編制し、北軍大佐としてセントルイス攻防戦を指揮しています。つまり、アメリカにやって来た「四八年世代(フォーティエイターズ)」たちはマルクス主義をアメリカに広める活動の第一世代であり、かつ北軍の精鋭兵士でもあったということです。このあたりの筋目は、ドイツ史やアメリカ史などの各国史をばらばらに読んでいただけではわかりません。そもそもリンカーンとマルクスが同時代人だったことに世界史の教科書を読んでいるだけでは気がつきません。でも、リンカーンの大統領再選のときに、第一インターナショナルを代表して祝電を送ったのはマルクスなんです。そして、リンカーンはそれに対して在英アメリカ大使を通じてマルクスに感謝の言葉を返している。アメリカとマルクスのあいだには深い因縁があるんです。南北戦争は人間社会はいかにあるべきかをめぐる思想的な戦いでもあるわけですけれど、北軍の思想の基盤形成にマルクスは深く与(あずか)っています。いまのアメリカ人たちは、自分たちの国の歴史的転換点にカール・マルクスがいたという事実を絶対に認めないでしょうけれども。

ナポレオン三世がいなければ第二帝政はわかりやすかった

鹿島　ドイツ移民について話しましょう。

アメリカにはまず政治亡命者がやって来ます。政治亡命者というのは、高学歴で教育熱心な人たちです。だから本来、政治亡命者が来たら、受け入れ側は歓迎して受け入れるほうがいい。ドイツ移民にも、そういう政治亡命者がかなりいました。でもドイツ語しか話せないので、仕方なく仕立師とか、デリカテッセンの主になるわけです。でも、もともと高学歴で教育熱心な人たちだから、次の世代はあっという間に社会の上のほうに上っていきます。

たとえばアメリカ文学のヘンリー・ミラーやアーサー・ミラーは、もともと「ミューラーさん」です。お父さん世代は移民世代で貧しかったけれど、教育熱心な環境で育ったその子どもたちは頭がいい。だから、アメリカ文学は、最初はもちろんＷＡＳＰが担い手でしたが、その後はドイツ移民が大半を占めるんです。その次はユダヤ人。これも高学歴集団ですね。その次のイタリア移民、アイルランド移民あたりになると、あまり高学歴ではない人たちもやって来ました。すると、ボクシングのヘビー級チャンピオンがアイルランド系やイタリア系になったりするんですね。

それから、ドイツ移民はアメリカ社会への同化が非常に早かった。マルクスの盟友エンゲルスが『空想から科学へ』の中で空想的社会主義者としてロバート・オーエン、シャルル・フーリエ、サン＝シモンの三人を取り上げましたが、その中のフーリエの弟子だったヴィクトル・コンシデランは、二月革命に「フーリエ派」としてかなりコミットしているんですね。そのコンシデランも、のちにテキサスに行きます。フーリエの理想郷であるファランステールを建設するために、集団で出かけたんです。

それに対してサン＝シモン主義のほうは、ナポレオン三世自身もサンシモニストでしたが、頭目のアンファンタンが同志を集めてアメリカではなくエジプトに行ったんです。そこでスエズ運河を通そうと言い出してね。サン＝シモン主義は、ヒトとモノと金とアイデアを循環させることが富を生むという考えですから、東洋と西洋が分離しているのはよくない、東洋と西洋でヒトとモノと金とアイデアを循環させるには、スエズ運河を通してしまえばいいんだ、という話です。スエズ運河の開通には失敗しましたが、その後、アンファンタンたちがいたときの在カイロ総領事のフェルディナン・レセップスが事業を受け継ぐんですね。

ところで、この『ルイ・ナポレオンのブリュメール18日』を日本人が読むといささか戸惑うかもしれません。フランス人はとにかく議論が好きなんです。それも、「ウイ（はい）」か「ノン（いいえ）」かで答えるような問題を立てて議論するんですね。「あなたはこの問題にウイかノンか」と問われて、ちゃんと応えなきゃいけない。その練習をフランスのリセアンは、ずっとやらされるんです。

たとえば「国家と自由は両立するか？」と聞かれたって、ふつうは答えられませんよね。

でもフランスでは、高校生がそれを三時間か四時間かけて書く練習をします。どうするかというと、まず「国家は自由を抑圧する」と考える側に立って、一つ主張を書く。次に、自由より国家のほうが重要だという立場で二つめを書く。そして最後に、テーゼ、アンチテーゼ、ジンテーゼという形でまとめて、自分なりの結論を導くんです。この練習ばかりやらされる。

これは言うまでもなくヘーゲルの弁証法ですが、ヘーゲルさんという人は、どうやら対立が気持ち悪くて我慢できない人なんですね。たとえばデカルトとベーコンはまるっきり考え方が違うんだけど、それをそのままにしておくのは気持ち悪い。だからこれを統一しようと考える。これをアウフヘーベン、日本語では止揚(しよう)というわけです。

で、このヘーゲル哲学に感動して唯物弁証法を作ったのがマルクスでした。ですからマルクスはこの本でも、最初のうちは唯物弁証法を適用して、ゴチゴチに対立するフランスの左派と右派がどのようにアウフヘーベンされていくのかな……と思って観察していたわけです。ところが全然関係のない落下傘部隊みたいな奴、ルイ・ボナパルトがロンドンからやって来て、止揚というよりもまるでトンビが油揚げをさらうように権力を持って行っちゃった。それを見て唖然(あぜん)としたマルクスの感じもよく表われています。

ただし僕は、ナポレオン三世に対してかなり同情的なんです。たしかに間抜けなゴロツキではあるんですが、ナポレオン三世は非常に変な人なんです。マルクスが理解できないほど変な人だった。どのように変な人かというと、そもそもこの人は一体どうしてクーデタまでやって第二帝政を作ったのかという疑問が、長いあいだ解けなかったんですね。だって、単なるゴロツキだったら、なんでクーデタまでやって全権を掌握する必要があるんだということです。

ちなみにアラン・プレシスというフランスの歴史家は、「第二帝政はナポレオン三世がいなかったらすごくわかりやすい体制だ」と言っています。開発独裁型のとんでもない奴が現れて、左右の対立をかっさらって独裁を始めるまではわかるのですが、その後でナポレオン三世の変人ぶりが発揮されたんですね。そこからが僕には面白く思えるんです。さて一体、彼は皇帝になって何をやりたかったのか。僕の出した答えは、「パリを改造したかった」。これしかないんですよ、彼には。パリを近代的で清潔な都に改造することしか頭になかったんだと思います。それくらい変な人なんですよ。実際、いまのパリはすべて第二帝政時代にできたものです。それ以前のものは、パリにはもうほとんどないんです。

ルンペン・プロレタリアートを嫌ったマルクス

内田　ナポレオン三世自身は都市改造をしようとしたんですよね。それで、オスマンが任命される。

鹿島　ジロンド県知事だったジョルジュ＝ウージェーヌ・オスマンは一八五三年にナポレオン三世に「おまえ、こんどはセーヌ県知事をやれ」と呼び出される。オスマンが馳せ参じると、ナポレオン三世は青線・赤線・黒線で都市計画のアイデアを描き込んだパリ地図を見せて「このとおりにやりたまえ」と言ったそうです。

ナポレオン三世は、クーデタを二回失敗してるんです。二度目の失敗のとき牢獄に入れられて、そこでものすごい量の本を読んでサン＝シモン主義やプルードンを勉強しました。そのナポレオン三世がまたクーデタを起こして、今度は成功すると、元サン＝シモン主義者のミシェル・シュヴァリエや銀行家のペレール兄弟なんかが、真っ先に彼のところに飛んで行ってブレーンになりました。パリを改造したのはオスマンですが、経済政策はミシェル・シュヴァリエとその相棒のフレデリック・ルプレがブレーンです。あとはユダヤ系の銀行家のペレール兄弟、ロラン・タラボなんかですね。

第二帝政の時代は、ユダヤ人が最高に権力に接近したフランス史の中でも珍しい時代です。金融はもちろん、鉄道をはじめとする基幹産業もすべてユダヤ系のペレール兄弟が取り仕切っていました。第二帝政の初期はそれでうまくいっていましたが、中期以降にもう一つのユダヤ系銀行であるロスチャイルドが割り込んできて、ものすごいバトルになるんです。

鉄道戦争から銀行戦争へ、といった感じで、巨人同士の経済戦争になった。だからダイナミズムはあって、全体のパイはすごく大きくなりました。

そんなわけで、ナポレオン三世はサン＝シモン主義のさまざまな空想的アイデアをフランスで実現しようとして、かなり成功した人なんですね。パリのモンマルトルの坂を上る途中にロッシュシュアール通りというのがあって、そこに「シテ・ナポレオン」というのがあるんです。ナポレオン三世が皇帝になった途端、オルレアン家の地所を没収して労働者住宅を作ったんです。世界最初の団地です。

内田　どんなものなのですか？　シテ・ナポレオンというのは。

鹿島　ふつうの団地ですよ。共同浴場と共同炊事場があって、東大の駒場寮みたいな感じですすね（笑）。

内田　あんなのですか。

鹿島　まさにあんな感じでした。ただ、完成したときには、当時の水準からすると贅沢だったので「いくら何でも労働者には贅沢でしょう」という不評がいっぱい出たそうですけど。それぐらい、ナポレオン三世はとんでもない理想主義者だったんです。世界で最初に労働組合を認めた権力者も彼です。第一インターナショナルを認定したのもナポレオン三世でした。そういうところも含めて僕はある種の愛情を感じてしまうんです。

でもマルクスはナポレオン三世のことを大バカだ、ゴロツキだと悪く言いますよね。マルクスがナポレオン三世を嫌ったのは後で言いますけれど、彼が、商業ブルジョワジーを背景にして、ルンペン・プロレタリアート（ルンプロ）的なものを体現していたからだと思います。マルクスが好きなのは工業ブルジョワジーですが、この時代にはまだあまり表に出てきません。

マルクスが嫌っているのはもちろん旧王党派です。王党派は正統ブルボン王朝派と七月王朝派の二つに分かれていたんですが、ティエールに代表される七月王朝派は商業ブルジョワジーです。上級のブルジョワです。さらにその下にプチブルがいて、これもマルクスは大嫌い。プチブルというのは要するに商店主です。日本でいえば昔の民社党支持派、いまなら大阪維新みたいな感じです。じゃあ、その下に本物のプロレタリアがいるかというと、そうではないんです。もう一つ、ルンペン・プロレタリアートというのがあるんです。ルンプロとは、生産的労働に就かない極貧層ですが、実はマルクスにとって、これが最大の憎しみの対象でした。なぜなら、自分がルンプロだからです。マルクスの周りにも、同じように亡命して、筆一本でしか生きていけないような奴らがたくさんいて、機会に乗じていろいろな利権に与ろうと狙っていたわけです。

ナポレオン三世が二度革命に失敗したときから彼の腹心だったペルシニが、二月革命の後、ルンプロを組織して「ナポレオン万歳団」を作るんです。大統領のナポレオン三世が新しく開通した鉄道で地方を回ると、その行く先々で最後に「Vive l'Empereur（皇帝万歳）」と言わせるんです。こういう意味では、ナポレオン三世はルンプロの皇帝だったわけですが、マルクスのナポレオン三世に対する激しい怒りには、ルンプロに対するマルクスの近親憎悪もかなり入っていたのではないかと思います（笑）。

マルクスの分析が効かないルンプロ

内田　「ルンペン・プロレタリアート」というのは、マルクスの理論における最大の難点じゃないかと僕は思うんです。だって、マルクスの理論によると、下部構造によって上部構造が規定されるわけだから、どの階級に帰属するかによって、その人の思考や行動が決まるはずです。でも、ルンペン・プロレタリアートはプロレタリアートでありながら独裁者を支持し、結果的にブルジョワの階級利益に奉仕する。階級的にはプロレタリアートであり、鉄鎖の他に失うべきものを持たない人間であるにもかかわらず、自分たちを抑圧する制度を歓呼の声を以て迎える。こういう逸脱は階級理論では説明ができません。だから面白いのは、ルンプロたちのことを書くときに、マルクスの筆致がつい感情的になるんですよね。

鹿島　そうそう（笑）。

内田　「バカ」とか「とんま」とか「クズ屋」とか、「政治的に正しくない言い回し」をするんですよね。他のところでは、人を罵倒するときにここまで下品な言葉を使わないんですけれども、ルンプロは我慢できないんです。でも、それは属人的にさまざまな欠点があるというよりも、階級的には革命的に振る舞うように規定されているはずなのに、反階級的に行動する人たちがいる、それも大量にいるという事実にマルクスが耐えられないからなんだと思います。階級的規定性というマルクスの革命理論の根幹をルンプロはその存在そのものによって否定してしまうから。

ルンプロたちは、みずからの階級的規定性に基づいて行動しているのではなく、個人として自己決定している。階級的には革命の中核でなければならないにもかかわらず、反革命の尖兵となっている。これはマルクスにとってはほんとうに答えることの難しい問題だったと思うんです。本来なら、どうしてこういう社会集団が登場してくるのかを「バカだから」ではなくて、現実的・客観的な歴史的条件に基づいて説明できなきゃいけない。でも、それができなかった。属人的な「愚鈍さ」や「邪悪さ」はあらゆる歴史的規定や階級的規定を超える決定的属性だということになると、マルクスの階級理論は破綻してしまう。

鹿島　そうですよね。僕はルンプロにすごく興味があったので、どうして発生したのか知りたくて、いろいろ文献を読んでみました。その中で感動的だったのは、ジュール・ヴァレスという作家の『子ども』（岩波文庫）です。この作家は、最終的にパリ・コミューンに深くコミットして亡命せざるを得なくなった人ですが、もともとは田舎でリセの復習教員と呼ばれる補助教員をしていました。リセの教員は正教員、復習教員、自習監督と三段階に分かれていて、彼のお父さんは復習教員、要は教員見習いだったんですね。彼はその一人息子なんですが、お母さんがものすごく厳しくて、何かというと躾（しつけ）と称してバンバンぶつんです。彼は「なんでオレはぶたれなきゃいけないんだ」「もっと民衆の子どものようにみんなと遊びたい」と思っているのですが、母親が絶対許さない。なぜかというと、二人とも農民の出身で、フランスの革命をきっかけにして教育にアクセスしたんですね。その結果、最下層から抜け出ることができて、お父さんは、復習教員だけれども、なんとかリセの先生にはなった。だからお母さんは、子どもを父親をしのぐような、アグレガシオンという大学教授資格をもった教授様にしたいと考えて、厳しく育てたわけです。

ここに見られるような階級離脱のドラマが、大革命以後はフランス中、あるいはヨーロッパ中で展開しました。それ以前はまったく教育を受けられなかった人たちが、革命により、教育にアクセスできるようになった。すると新たなプレッシャーがかかって、それに負けちゃう人もいるわけです。「末は博士か大臣か」だったはずが、途中でドロップアウトして大学に行かずに文筆で食っていくような人たちが出てくるわけです。ある意味、文学者予備軍の最高の出身プールですね。文学に傾けばボードレールになり、政治に傾くとジュール・ヴァレスになる。そこから、ボードレールにもヴァレスにもなれずに出てきたのが、ルンプロなんです。

ルンプロは多くが高学歴ないしはドロップアウト組で、何らの理由で自分が目指した社会的ゲインを得られなかった人たちなので、「本来ならば俺はこんなところでくすぶっている奴じゃないんだ！」とルサンチマンを抱えるわけです。そのルサンチマンが充満したときに、二月革命が起こる。第二帝政で成り上がったルンプロもいるけれど、それでもダメだった人たちが最終的に起こしたのがパリ・コミューンだったのではないかという仮説が成り立ちます。

それにしてもこの本は、初めて読むと、細かい点でいろいろとわずらわしいのだけれど、何回か読むと、マルクスの抽象力に魅了されます。この三年間の記述は、世界でたいてい起こることだと気づかされる。左派政権が成立するけれど、左派政権は右往左往してうまくいかない、そのうちにデフレになり、ルンプロみたいな人たちの鬱屈がたまってくる、そんなときに、強烈なリーダーシップを持ってこん棒で左翼を殴りつけてくれる直接行動派の右派願望が高まり、独裁者願望が出てくる。世界中どこでも同じだということが、この本を読むとわかってきます。

民主的な手順を踏んで達成した独裁制

内田 マルクスの描くルイ・ボナパルトは部分的に安倍晋三と置き換えることができますよね（笑）。

鹿島 （笑）。非常に有名なのが冒頭ですが、ちょっと読んでみましょうか。

〈ヘーゲルはどこかで、すべての偉大な世界史的事実と世界史的人物はいわば二度現れる、と述べている。彼はこう付け加えるのを忘れた。一度は偉大な悲劇として、もう一度はみじめな笑劇として、と。ダントンの代わりにコシディエール、ロベスピエールの代わりにルイ・ブラン、一七九三〜九五年のモンターニュ派の代わりに一八四八〜五一年のモンターニュ派、小男の伍長と彼の元帥たちの円卓騎士団の代わりに、借金を抱えた中尉たちを手当たり次第にかき集めて引き連れたロンドンの警官！〉

「小男の伍長」はナポレオン一世のこと。「ロンドンの警官」というのは、ナポレオン三世のことです。ロンドンに長いあいだ亡命していて、そのあいだに民間人からなる特別警官に応募したことへのあてこすりです。

内田　そしてこの文章は、こう続けています。「天才のブリュメール一八日の代わりに白痴のブリュメール一八日！」と（笑）。

鹿島　そうそう（笑）。「天才のブリュメール一八日」は一七九九年一一月九日にナポレオンが起こした革命のことで、「白痴のブリュメール一八日」は、ルイ・ボナパルトによる一八五一年のクーデタですね。この冒頭だけ読めばいかにマルクスがナポレオン三世のことをバカ扱いしていたかわかるんですが、困ったことにそのナポレオン三世が本当に歴史を作っちゃうんですね。後にヒトラーがこれを参考にしたんじゃないかと思うぐらい、きちんと民主的に手順を踏んで独裁を達成した。ナチスを生んだワイマール憲法と同じく、民主的な憲法下でルイ・ナポレオンの選出とクーデタが起きてるんです。ヨーロッパで初めて普通選挙によって国家元首である大統領を選んだのがルイ・ナポレオンだったというわけですから。

内田　たしかにそうですね。

鹿島　それから、このところ僕は家族人類学というのに凝っているんですが、その観点からすると、この本の第七章が意外と大きい意味を持っているのです。というのも、フランスの農民はフランス革命まで自己所有農民ではなかったんですね。それが革命によって分割地農民という自作農になった。だから農民は「フランス革命万歳」になったんです。

ところが、分割地農民にも二種類あるんです。そもそもフランスの家族構成を人類学的に見ると、パリをはじめとする真ん中のあたりは核家族型で、周辺部分は直系家族なんです。直系家族というのは、親・子・孫の三代で一緒に住む形式。この直系家族型の農民は一子相続で農地を分けない。ところが、パリ盆地の核家族型の農民が遺産相続をすると、農地を分けちゃうんです。日本語でいう田分けですね。たとえばフランスのワインは大きく分けるとブルゴーニュとボルドーの二種類ありますが、この核家族型の分け方をしたのがブルゴーニュ。小さい生産地で少ない量を生産しているんです。それに対して南のほうは農民が農地を分割しなかった。直系家族のボルドーは一人の子どもがすべて相続するから、農地が小分けされない。大きな農地で大量に生産するんです。ブルターニュのような核家族型のところで分割を二代、三代と繰り返したら、土地がなくなりますからね。そのせいで、その地域の農民は急速に没落していきました。それがちょうど第二帝政の直前に起こっていたんです。この本の第七章を読むと、マルクスはそういう農民の分析をしていたのがわかるので、そんなことまでわかっていたのはすごいと思いますね。

第二帝政期のフランス経済はイギリスのGDPを追い越した

内田 マルクスは情報収集能力もすごいですよね。

鹿島 フランスの新聞の力が大きく関係しているんでしょうね。この時代、フランスの新聞は最高の発達を遂げていましたから。そもそも当時のフランスは移動がかなりスピーディーにできたんです。まだ馬車しかない七月王政の時代に、パリ〜ボルドー間は、休息時間を入れても二日かからず、四〇時間前後で行けたんです。

内田 ほんとですか？　パリとボルドーはかなり離れてるでしょう。何キロあるんだろう。

鹿島　すごいですよ。パリ～ボルドー間は五八二キロ。東京～大阪間よりも少し遠い。いまでも普通のＴＧＶだと四時間弱（最近開通した直行ＴＧＶで二時間）くらいかかるんですが、それを当時は快速の郵便馬車で次々に宿駅で馬を取り換えて、四〇時間前後で走破してしまう。同じ馬が永遠に走るわけじゃないから、馬を全力で走らせることができる。ロスタイムは馬の取り替え時間のみ。思ったよりもはるかに速いんですよ。だから最初に鉄道を作ろうという話になったとき、「馬車より速く行けるのか？」という疑問が呈されて、フランスではなかなか鉄道ができなかった。それぐらい速い郵便馬車網を利用して、フランスの新聞が全国規模の大発達を遂げたんですね。一八三六年には、エミール・ド・ジラルダンが世界で初めて四面を全面広告にして価格を半分にした『ラ・プレス』という新聞を作りました。それまで新聞は高すぎて金持ちかインテリしか読めなかったんですが、ジラルダンは最終ページを全面広告にして、その広告費で値段を下げて部数を増やしたんです。このシステムは、テレビを経由していまのインターネットまで続いているわけです。広告を入れることで安価なメディアを生み出した。

内田　その人が考えついたんですか。

鹿島　広告そのものは以前からあったんですが、広告で購読料を半分にするというアイデアはジラルダンのものです。天才ですよね。

内田　フランス発祥だったんですね。知らなかった。

鹿島　ちなみに、ジラルダンは予言めいたことも言っています。出生による差別をなくすには、苗字を全部母系にすればいいと指摘しているんです。現在フランスでは嫡子と庶子の区別は廃止されていますが、当時フランスは、嫡子と庶子の区別が強く、庶子は父親欄が空欄でした。ジラルダンは女系つまりお母さんの名前を必ず子どもが名乗るようにすれば差別は生まれないと言っている。ジラルダン自身が、ジャン・ジャック・ルソーのパトロンで知られるジラルダン伯爵の庶子だったんですね。

ジラルダンはバルザックとつるんで、いろんな仕事をやりました。二人とも山っ気が強いですからね。面白いのは、ジラルダンは最後にフランス国家の経営をやりたいと思い、ルイ・ナポレオンが大統領に立候補すると、二人で組もうと提案して、『ラ・プレス』をボナパルティストの応援新聞にした。ところが、大統領に当選すると、ルイ・ナポレオンはジラルダンを捨てて、オディロン・バローという七月王政派の残党みたいな感じの人を首相に選んじゃったんです。裏切られたので、以後、ジラルダンは終生、ナポレオンの敵になるんです。

最後の劇的な幕切れといえば、普仏戦争が起きる直前に、エムス電報事件が起きます。ビスマルクがヴィルヘルム一世が保養地のエムスから発した電報を変造してフランスの反プロイセン感情が高まるように仕組んだんですが、この挑発にいきりたったフランス・ジャーナリズムが「プロイセンをやっつけろ」と大騒ぎする。ジラルダンも戦争大賛成派になって、ガンガン、即開戦論を書きまくる。ナポレオン三世はそのころには体力的にも弱っていたので、まったく戦争をやる気がなかったんですが、ジャーナリズムに煽られて、開戦せざるを得なくなっちゃった。その意味では、気の毒な皇帝でした。最後は、帝政派と共和派の中間的な第三党のエミール・オリヴィエに組閣させて、民主的な立憲帝政まで行くんです。これはなかなか良い政治でしたが、普仏戦争の敗北ですべては水泡に帰してしまいます。

あのまま続けていたら、第三共和政の初期なんかよりよっぽど民主的で良かったんじゃないかなぁ。もともと、ナポレオン三世は思想的にはかなり平等のほうに傾いた人で、一八六〇年からは抑圧体制を緩めて「自由帝政」と言い出した。独裁者で自分から民衆に自由を与えて開放政策を取った人は、歴史上、二人しかいません。ナポレオン三世と、台湾の総統・蔣経国です。蔣介石の息子ですね。開明的な独裁者とでもいいましょうか。

内田 ナポレオン三世は、開明的な独裁者だったんですね。

鹿島 これ以上に開明的な独裁者はいなかったと思います。単に資本主義を加速させただけではなくて、それに伴う弊害を除去するためにいろいろな改良をやりました。フランスはマルクス主義の歴史家が強いので、ナポレオン三世に対する評価は低いままで、最初に評価したのは英米の歴史家でした。ごく最近になって、ようやくフランスでも評価されるようになってきたんです。僕はナポレオン三世の伝記を書いたこともあり、フランスの「第二帝政学会」に呼ばれて講演したんです。そうしたら、終わってからみんな僕に握手を求めてきたのでビックリしました（笑）。

内田　どんなお話をされたんですか。

鹿島　もし第二帝政が存在せず、三年間の第二共和政から第三共和政にそのまま移行していたら、今日のフランスに世界に向けて売るべきものがあっただろうか。パリが存在しただろうか。第二帝政時代に大改造されたパリがなければ、何も売るべきものがないのではないか。まあ、そういう話をしたら、握手を求められたのです。そこで、「あなたはどなたですか？」と聞いたら、この本に出てくる当時の大臣の子孫たちだったんですよ（笑）。一八七〇年から続く共和政で冷や飯を食わされていたんですね。

内田　なるほど（笑）。そういうメンバーで第二帝政学会をやっておられる。

鹿島　ええ。フランスの歴史において、なかったことにしようと言われていたのは、第二帝政と、もう一つ、ペタン政権ですね。

内田　ペタン政権はわかるんですけれど、どうして第二帝政は「なかったこと」にしようということになったんですか？

鹿島　第三共和政はナポレオン三世の第二帝政を倒してできた体制で、第四共和政も第五共和政もそれを引き継いできたから、ナポレオン三世の業績は「なかったこと」にされてしまったんですね。面白いのは、パリにナポレオンと名のつく通りは長いあいだ、なかったんですよ。われわれのよく知る六区の「ボナパルト通り」は昔からありますが、「ナポレオン通り」は五〜六年前までありませんでした。これは、公式的に第二帝政は帝政に認められなかったという証拠です。第二帝政の功績などは全部なかったことにして、ほとんどの歴史家はそこに触れない。それで、よその国の学者が「そりゃひどいだろう」ということで、この時代にナポレオン三世がやったことを挙げてみたら、けっこう、いろんなことをやっていたというわけです。

内田　シテ・ナポレオンと都市改造以外に、ナポレオン三世にはどんな功績があるのですか？

鹿島　ベンチャーキャピタルの創設と鉄道の普及が大きい。フランスは長いあいだロスチャイルド銀行が支配していましたが、フランスのロスチャイルド銀行は、いまでいうとヘッジファンドのようなことをやっていた。つまり、もっと金を増やしたいという大金持ちの投資家から金を集めて、これを利回りのいい債券に投資して利益を還元するというモデルなんです。外債専門銀行だったといってもいい。ナポレオン三世は、サン＝シモン主義者のペレール兄弟のクレディ・モビリエと組んで、まずベンチャーキャピタルを作りました。それによって鉄道をフランス中に敷き、運河も作ったんです。フランスは、いまでも全国、船で行けるんですが、この運河網は第二帝政の時代のものです。

内田　あれはナポレオン三世のものなんですね。

鹿島　そうです。さらにアメリカと結ぶ太平洋横断航路（トランザトランティック）も作りました。さらに地下鉄も計画しました。実現はできなかったのですがね。その代わり、今日ではバスがカバーしている路線馬車網を作っています。所得面でも、アベノミクスは大失敗して全然成果を挙げませんでしたが、第二帝政期はすごいですよ。フランスのGDPは一八六〇年代の末にイギリスを追いつき、計算の仕方によりますけれど、完全に追い越したとも言えます。

日本の明治の繁栄はナポレオン三世のおかげ

内田　しかし、そんな時代をまるごと「なかったことにする」という発想もすごいですよねぇ。

鹿島 クーデタで政権を作って、開発独裁をやり、ジャーナリズムを抑圧して、都市の再開発でバブル景気を作り出しましたから、既得権層と共和派からは嫌われたんです。その結果、この両派が権力を握った第三共和政は、ナポレオン三世がやったことを全否定したわけです。しかし、労働者の生活水準が上がり、労働組合も保護されたことで、民衆からはナポレオン三世は好かれていたんです。ナポレオン三世によって作り出されたさまざまな富は第三共和政でも遺産として受け継がれた。第二帝政期に蓄えられた富がなかったら、第三共和政をスタートできなかったかもしれない。プロイセンからものすごい賠償金を課せられていましたからね。

ちなみに、第二帝政の絶頂期だった一八六七年に開かれた第二回万国博覧会に徳川昭武使節団の随員としてパリに行ったのが、渋沢栄一です。渋沢栄一はそこでサン＝シモン主義的な経済の回し方を勉強した。サン＝シモン主義は、インフラを国家が財政出動して整備し、あとは自由競争に任せるという外部注入型の資本主義、ニューディールの先取りみたいな改良資本主義なんです。だから、資本主義の土壌はあっても、インフラがなかったところでこれをやると、一気に花咲くんですね。日本で渋沢栄一がやったのは、この外部注入型の資本主義です。その意味で、日本の明治の繁栄はナポレオン三世のおかげだったともいえるんです。

内田　ナポレオン三世は徳川慶喜（よしのぶ）と関わりがありましたね。

鹿島　相当にありました。ナポレオン三世の命令を受けて日本にやって来た駐日フランス公使のロッシュは徳川方に味方し、フランスの力で薩長を駆逐しろとけしかけました。これまでの通俗的な理解では、ナポレオン三世の大国主義的野望によってフランスが徳川に味方したのに対して、イギリスは薩長、とくに薩摩に味方したので、戊辰（ぼしん）戦争が大規模な内戦になっていたら、日本はどちらかの国によって植民地化されただろうと考えられていました。でも、僕が調べたかぎり、それは違います。当時のフランスの外務大臣はロッシュに「絶対やめろ」「徳川は崩壊寸前だから肩入れするな」という内容の訓電をたくさん送っています。しかし、小栗上野介（おぐりこうずけのすけ）に「北海道をあげるから徳川の味方をしてくれ」と言われたロッシュが暴走したというところです。

　そんなこともあって、マルクスからゴロツキ扱いされたナポレオン三世は意外に名君なんです。エミール・ゾラは第二帝政期における一家族の変遷みたいな感じの小説『ルーゴン・マッカール叢書』を書いているんですが、途中まではナポレオン三世を徹底批判して、馬鹿だのゴロツキだのと罵（ののし）っているんです。ところがいちばん最後のほうに出た『壊滅』と『パスカル博士』ではかなりトーンが変化し、その後のエッセイではもしかするとナポレオン三世は偉大だったかもしれないと態度を改めています。事実、第三共和政の初期のマクマオン大統領時代は第二帝政の末期よりもはるかに反動的で、本格的な共和政が確立するのは一八七九年にマクマオンに代わってグレヴィが大統領になってからのことですから、相対的に第二帝政が高く評価されたのではないかと思えます。

内田　そうなんですか。

鹿島　僕はコレクターだから、第二帝政から第三共和政にかけての絵入り新聞をいっぱい集めているんですが、それを辿っていくと、大きな変化は一八六七年にナポレオン三世が報道の自由を限定的ではあっても認めたことにあるのがわかります。それまで、ナポレオン三世はかなり厳しく新聞弾圧をしてきたんですが、ナポレオン三世自身と家族、および体制そのものの打倒を呼びかけなければ、政府批判を原則、認めたのですね。同時に、議会選挙での介入も弱めた。その結果、ガンベッタだとか、アンリ・ロシュフォールのような激越な政府批判を展開する論客が現れてくる。こういうことやった独裁者は他にいないんです。「俺以外の大臣や役人なら批判していい」なんて言う独裁者がいますか？　そのおかげで、セーヌ県知事のオスマンは放漫財政を議会で追及され失脚してしまいます。

やっぱり、ナポレオン三世は変な奴だったんですね。

内田　市民王と言われたルイ・フィリップの七月王政もあまり評価の対象になりませんが、

七月王政も第二帝政も意外に良い政治をしていたんですね。

鹿島　七月王政のルイ・フィリップ王はとても良い王様で、ヴィクトル・ユゴーも非常に高く評価していますね。ヴィクトル・ユゴーといえば、クーデタで亡命してナポレオン三世のことを「小ナポレオン」などと揶揄(やゆ)して敵対していましたが、この『ルイ・ボナパルトのブリュメール18日』の最後でマルクスが面白いことを言ってます。ユゴーは「小ナポレオン」と言うけど、個人をいくら罵倒しても何の意味もない。個人ではなく構造を摘出することに意味がある、と言うんです。二度起きたことは三度でも四度でも起こるのだから、それを止めるには構造に注目して、起こらないようにしなければいけない。その構造というのは、いわゆるボナパルティズムのことです。革命があるとかならずその反動がくる。一種の右派ポピュリズムですね。この意味で、左派政権や革命政権が興った後の反動の行く末は、マルクスの構造分析でだいたい読めてしまうんです。

ワーグナーや印象派にも理解を示した怪帝ナポレオン三世

内田　でも反動で第二帝政ができて、それが意外と良い政治だったとすると、何をやっても上手くいくという話になりますよね。

鹿島　この『ルイ・ボナパルトのブリュメール18日』は歴史的な構造分析なんですけれど、ナポレオン三世があまりに変な人だったので、構造だけでは割り切れない、個人の属人的要素が出てきちゃったということです。マルクスがユゴーをいさめたのとは逆の意味でマルクスもナポレオン三世が理解できていなかった。さっき言ったように、ナポレオン三世がいなかったら第二帝政は右派反動のポピュリズムでとてもわかりやすかったでしょう。

しかし、二度あることは三度でも四度でも起こると考えて、仮に当時のフランスの政治状況と現在が比較可能だとすると、これから日本で起こることは、ナポレオン三世のいない第二帝政ではないかと予想されます。そうであれば、ただ抑圧的なだけでまったく面白みのない体制ですから、相当に悲惨だろうという予感はあります。第二帝政自体は、ナポレオン三世という不世出かもしれないぐらい変な人がトップにいたおかげで面白い時代になったというのが僕の見方です。

内田　歴史の皮肉ということですか？

鹿島　皮肉ですね。独裁者がいるとみんなが独裁者の心理を忖度(そんたく)する「忖度政治」が横行しますが、ナポレオン三世については、誰も忖度できないんです。たとえば、パリのレ・アールという共同市場をナポレオン三世が「作り直せ」と命令するんです。そこでバルタールという一流の建築家が一所懸命に忖度してナポレオン三世が気に入りそうな重厚な建築を作るのですが、ナポレオン三世は気に入らず、途中まで完成していたレ・アールを壊させたんです。そこで困り果てたバルタールが、ナポレオン三世がレ・アールをどうしたいと思っているのかオスマンに聞くと、「どうもロンドンの水晶宮みたいのが欲しいらしいよ」というわけです。バルタールが水晶宮そっくりの設計図を描いて持って行くと、「すごい、これだ！　一体、この図面を引いた建築家は誰だ！」と言うので、オスマンが「それは陛下が全部取り壊させたあのレ・アールの建築家です」と（笑）。そんな感じだから忖度しにくいんです。

しかしその一方で、ナポレオン三世はパリに流れてきたワーグナーに「タンホイザー」というオペラを上演させたりもしました。ワーグナーはおかげで大オペラ作家になれたんです。印象派の画家たちを復活させたのも同じ時期でした。マネをはじめとする印象派の人たちが国家主催の展覧会サロンに落選して困っていたので、「それなら落選者展をやってみなさい」と助言してやってみたら、俄然、印象派に注目が集まるようになる。

内田　センスのいい人だったんですね。この本でも書いていますが、とにかく人心掌握術がすごいんです。兵隊たちにソーセージを食わせてブランデーを飲ませるだけで買収するんですけど、いいポイントをついていますよね、ソーセージとブランデーですよ。

鹿島　第二共和政の時代に軍隊は冷や飯を食わされて、みんな貧乏してたんですね。とくに将官クラスは。そこにソーセージを配った。そのあたりがナポレオン三世の変なところ。だから僕は「怪帝ナポレオン三世」と命名したんです。怪盗ルパン三世じゃなくて、怪帝ナポレオン三世。

内田　なるほど。前半生で放浪するなどして苦労した人だから、人心のどこを押せばキュンとくるかというポイントみたいなものがわかるんですね。

鹿島　そうですね。その一方で、ナポレオン三世がたいへんな陰謀家であったことはたしかです。言質（げんち）を取られるようなことは絶対に言わないし、秘密は最後まで誰にもしゃべらない。自分の考えをめったに口にしないから、陰で「スフィンクス」と呼ばれてたんです。みんな「スフィンクスは何を考えてんだろうか」と推測しようとするんですが、わからないから忖度もできない。まあ、何も考えてなかったという可能性もあるんですけど（笑）。

　第二帝政のあいだ、ローマ出兵、クリミア戦争、イタリア戦争、普仏戦争と何度か兵を起こしましたが、その本当の意図をナポレオン三世は言わない。イタリア戦争も、最初のローマ出兵はローマ教皇の依頼による反革命的な戦争だったのが、次は、イタリア共和国解放のための対オーストリア戦争をやり出しちゃうんです。そのきっかけとなったのがオルシニ事件で、オペラ座に向かう途中でナポレオン三世夫妻がイタリアの愛国者オルシニから爆弾を投げ付けられて、九死に一生を得る。ところが、オルシニの裁判の過程で、ナポレオン三世はイタリア人の愛国者に同情的になって、結局、イタリア解放戦争に乗り出してしまうんですが、これも途中でやめて、イタリア愛国者の憤激を買う。まあ首尾一貫しないというか、強い決意のもとに何かをやり抜くことができなかったというか、本当の意図をはっきり言わないから、将兵たちはよくわからないで戦争することになる。

あとは女好きで宴会好きだったのもナポレオン三世の評判が悪い一因ですね。でも最終的に歴史家が天秤にかけると、意外と良い皇帝だったかもしれないという話になる。ことほどさように独裁者の評価というのは難しい。台湾の蔣経国もそうでしょ。お父さんの蔣介石と同じ怖い独裁者かと思ったら、最後は自分で民主化への道を開いて、李登輝を後継の総統に指名する。

内田　世の中はなかなか一筋縄ではいかないものですね。

鹿島　独裁国家はその独裁者のキャラクターによる部分が非常に多い。ほとんどの独裁者はとんでもなく邪悪な人間か、夜郎自大な大馬鹿なんですけど、ときには、評価されてしかるべき聡明な独裁者も現れる。これが歴史の面白いところですね。

内田　いや本当に、ナポレオン三世がけっこう良いリーダーで、第二帝政は意外と成功した統治形態だったというお話は目からウロコでした。

鹿島　民主制から生まれた最初の独裁国家という意味で、第二帝政の分析は現代にも非常に大きな意味を持ちます。その民主制に孕（はら）まれる危機的構造の分析を最初にやったのがマルクスなんですけれども、さすがのマルクスもナポレオン三世の変人ぶりには理解が及ばなかったということなんじゃないでしょうか。

内田樹が薦める

関連図書

Robin Blackburn, *An Unfinished Revolution*: *Karl Marx and Abraham Lincoln*, Verso, 2011
Allan Kulikoff, *Abraham Lincoln and Karl Marx in Dialogue*, Oxford University Press, 2018

「マルクスとリンカーン」いう論件については下の二冊が参考になると思います。

***Dispatches for the New York Tribune: Selected Journalism of Karl Marx*, Digireads, 2014**

マルクスが『トリビューン』に寄稿したすべての新聞記事はこちらで読むことができます。

『若者よ、マルクスを読もうⅢ：アメリカとマルクス――生誕200年に』
内田 樹、石川康宏 かもがわ出版 2018年

マルクスとアメリカについてはこちらをお薦めします。

磯田道史（いそだ みちふみ）
国際日本文化研究センター准教授。
慶應義塾大学文学研究科博士課程修了。博士（史学）。茨城大学助教授、静岡文化芸術大学教授などを経て現職。著書に、『武士の家計簿』、『近世大名家臣団の社会構造』、『天災から日本史を読みなおす：先人に学ぶ防災』『感染症の日本史』ほか多数。1970年、岡山市生まれ。

鹿島茂

第5章

磯田道史

『日本を襲ったスペイン・インフルエンザ』——記録は命を守る

課題図書

『日本を襲ったスペイン・インフルエンザ：人類とウイルスの第一次世界戦争』

約100年前に起こった史上最悪の感染症は、
全世界へ、日本へどのように伝播したのか。
その被害の実像に歴史人口学の大家が迫る。

速水 融[著]
藤原書店
2006年2月刊

歴史人口学の創始者が感染症の研究書を書いた理由

鹿島　速水融さんの『日本を襲ったスペイン・インフルエンザ』は二〇〇六年に書かれた本ですが、二〇二〇年四月に僕が週刊文春で書評に取り上げたところ、その後、増刷が二回ぐらいかかったそうです。今回の新型コロナウイルスとの戦いを考えるときに、ぜひとも参考にすべき一冊でしょう。表紙に使われている、スペイン風邪と戦うためにマスクとうがいを奨励している絵を見ただけでも、ウイルスと戦う方法がいまも昔も変わらないことがわかります。

スペイン風邪と呼ばれたスペイン・インフルエンザは殺傷力が高く、速水先生の統計によると、日本でも四五万人くらい亡くなりました。世界全体では二〇〇〇万人から四五〇〇万人。当時はほとんど統計が取れなかったインドなどの死者数は推計なので、かなり幅があります。歴史人口学の創始者である速水先生が、珍しく一つの出来事を扱ったこの本を書かれたのは、『大正デモグラフィ：歴史人口学でみた狭間の時代』（文春新書）を書いた際、死者がこれだけ多いにもかかわらずスペイン風邪の研究書がほとんどないことに驚いたからでした。

磯田　まだ人口が五五〇〇万人ほどだった時代の日本で、五〇〇万人近くも死んでいるんです。一パーセント近い人口が失われたわけです。それなのに研究書がないのはおかしい。そう考えたのが、速水先生の研究動機です。

鹿島　速水先生は、もともとは慶應大学の経済学部で経済史をやっていた方です。しかし在外研究でたまたま訪れたベルギーで、フランスのルイ・アンリという歴史人口学の創始者の本を読み、ルイ・アンリの提唱する家族復元法を日本の宗門人別改帳(しゅうもんにんべつあらためちょう)（江戸時代中期に作られた民衆調査のための台帳）に応用すれば新しい領野が開けると気づいたんです。ルイ・アンリの家族復元法というのは、個人の出生・死亡記録であるキリスト教会の教区簿冊を分析して家族と人口の変遷を記述するものです。速水さんは「そういえば日本には宗門人別改帳という素晴らしい資料が残っているんだ」ということを思い出し、これにルイ・アンリの方法を結合すれば、これまでわかっていなかった過去が明るみに出ると気づいたんですね。ここから速水歴史学が始まります。磯田さんは、この速水先生のお弟子さんなんですね。

磯田　はい。私は最初、京都府立大学に入りまして、もちろん大学教授になぞなる気もなく、ただ京都の史跡などを見られさえすればいいと思っていたんです。しかし岡山大学の図書館で速水先生の本を読んだら、これが面白い。「この先生につきたい」と思って、受験をやり直したんです。ところが翌年、慶應義塾大学に入ったら、速水先生は僕がいま勤めている国際日本文化研究センターの教授になって異動していました。「これは困った！」と思ったのですが、幸い、慶應にも速水先生の研究室は残っていたので、籍は文学部の田代和生ゼミにおいて、速水先生に私淑して手伝いをしながら、いろんな話を聞きました。

鹿島　結果的には、国際日本文化研究センターでも磯田さんが速水先生の跡を継ぐ形になったわけですね。ちょっと個人的な話をすると、僕はもともとフランス文学で、パリに行ったときにたまたまヴィクトル・ユゴーの『レ・ミゼラブル』の挿絵本を見つけて、ユゴーに改めて興味を持ったんですが、そのときに、ルイ・シュヴァリエという偉い人口統計学者の『労働階級と危険な階級』（みすず書房）という本にも出会いました。ルイ・シュヴァリエは、ルイ・アンリとほぼ同世代で、人口学を歴史に導入した最初の人です。この本を読んでヴィクトル・ユゴーを読み返してみると、非常に面白いということに気づいたんですよ。その後、エマニュエル・トッドの歴史人口学に接し、日本では速水先生という偉い人がいるということを知り、こちらも読んでみて、こんな方法があったのかと驚いた次第です。

磯田　速水先生の学問、デモグラフィーは人口だけではなく「民勢」全般を明らかにするもので、江戸時代の農民の平均寿命や乳幼児死亡率などを研究されていました。その分野で大活躍をされて、功成り名を遂げられたのですけれど、最晩年にパンデミックの研究に入っていかれて、新型コロナ騒動が起きる直前に亡くなられたんです。

先生は「磯田君、パンデミックは必ずいつか来る、おそらくいろんなウイルスが変異してわれわれを襲ってくる」とおっしゃっていました。そのときのために、歴史家はスペイン・インフルエンザのあの嘆きをすくい取って紹介しておかなければいけない、と。ただその一方で、「でも、人はパンデミックをすぐ忘れるんだ」とも、おっしゃっていましたね。

「なんで忘れるんですかね」と僕が問うと、「その後、関東大震災が来たし、戦災もあった。あれは風景が変わる。五〇万人近い日本人の病死は大きな出来事だけど、風景が変わらずに日常が戻るから忘れちゃうんじゃないかな」というお話をされていました。

第二波の致死率が高かったスペイン・インフルエンザ

鹿島　なるほど、それがこの研究のきっかけになったわけですね。しかしまさか本当に、いま役立つ本になるとは速水先生も予想していなかったでしょう。

スペイン・インフルエンザは、三回流行があったんですね。一九一八年の春と秋、それから一九一九年の秋から二〇年の春にかけて。世界的にいうと、実は一九二一年にもう一回流行がありました。これらの複数回の流行については「違うインフルエンザだったんじゃないか」という説をニュージーランドの学者が唱えたそうですが、速水先生はたぶん同じウイルスだったと歴史人口統計学の観点から証明してみせています。その作業もこの本の後半で行なわれています。

磯田　そうなんです。この本が慧眼なのは、「スパニッシュ・インフルエンザは少なくとも三回、広くとらえればひょっとすると四回の波があるかもしれない」とした視点にあります。私はこの研究をかじっていたので、新型コロナが来たときも、これは思ったより長く暴れると考えていました。

インフルエンザはコロナより寒い時期に起こりやすすので、早い場合、一〇月から始まって三月頃に終わります。遅くとも一二月には始まって、やはり三月頃に終わるんですが、本書によれば、第一波、第二波、第三波でそれぞれの波の様相が違います。スペイン・インフルエンザの場合、第一波は罹患率が高いけれど、そんなに強毒ではなく、致死率は高くありませんでした。ところが第二波は、罹る人間は少ないのですが、致死率が高い。

「狭く鋭く」襲ってくるんですね。

　性質が違うのになぜ同じインフルエンザとわかるかというと、軍隊に徴兵された人が罹患した場合、三番目の最後の波が来たときに、二年兵は第二波で免疫を持っているので、初年兵よりも持ちこたえるんだそうです。田舎で罹患せずにすくすくと育っていた若い初年兵たちは、それこそ三密のベッドで寄宿生活をして罹患してしまい、高い死亡率になってしまう。だから、おそらく若干変異はしてはいるが、免疫応答を見ると、似たたぐいのインフルエンザだというわけです。後に来る波が変異して毒性が落ちていればいいんですけれど、スペイン・インフルエンザの場合は強毒化し、致死率が高まって、とくに若い人を襲った。そんなことが、この本に書かれています。

鹿島　今回の新型コロナウイルスも、最初は高齢者ばかり亡くなって、若い人は平気だという話でしたが、性質がいつ変わるかわからない。

磯田　私はウイルス学の専門でもないし、免疫学の専門家でもありませんが、老人のほうが罹った後にできる中和抗体のレベルが強いこともしばしばです。小児や若者は強いレベルの抗体を作れない場合もあるので、かえって若年者が倒されやすいタイプの新型ウイルスへの変異や出現だってあり得ます。感染拡大防止政策を考えるにあたって、次の波がどのような様相になり、何に気をつけたらよいのかというのは、やはりこの本に知恵があるような気がしますね。

鹿島　先ほど軍隊の話がありましたが、当時は新兵の入営時期が一二月一日と決まっていて、どこの隊でもその後の一二月一〇日ぐらいから流行が広がったそうです。いちばんひどかったのは、近衛連隊。それぞれの村の村長や庄屋クラスの人の息子が全国から来るわけです。こうした若者はそれまでまったく感染に無縁だった人たちです。それが近衛連隊に入隊した途端、バタバタと死んでしまった。近衛以外でも、それぞれの連隊がある都市に感染が集中していたみたいですね。

磯田　今回の新型コロナ騒動でも、感染の初期に罹りやすい場所と罹りやすい職業があって、たった一つを除いては、驚くほどこの本の姿に近かったと思います。当時は、まず学校と軍隊が感染の温床になりました。もう一つは、港や鉄道などの交通の結節点がやはり危ないわけですよね。いまなら空港でしょう。今回は唯一どこが違ったかというと、軍隊です。自衛隊は生物化学戦の訓練を積んでいたおかげで、あまり感染者を出していませんし、感染の中心になっていません。むしろ感染を防ぐための行動マニュアルを提供したという点も含めて、一〇〇年前と違う様相を持っています。

基本的には人が行き来するものがやはり危ないわけで、一〇〇年前は青森県が大変でした。北海道から出稼ぎ者が青函連絡船で帰ってくる港町ですから。今回は羽田と成田を抱えている東京・首都圏が大変なことになっていますが、前回のインフルエンザの後流行でいちばん死亡率が高かったのは神戸、前流行で死亡率が高かったのは観光地の京都です。

鹿島 横浜も前流行の罹患率が高かったですね。うちの祖父も一九一八年の秋に酒屋の店番をしているときにスペイン・インフルエンザに罹って意識不明になっています。奇跡的に回復しましたが、やはり横浜港に比較的近いほうだったからだと思います。この本で前流行と後流行の死者数を出せたのは、神奈川県にしっかりした統計が残っていたからです。前流行の死者と後流行の死者を比べると、距離的に離れていたために前流行が届かなかった郡部で後流行で大変な数の死者が出ている、それが数量的にも証明できる。ここが人口統計学のすごいところです。

磯田 抗体検査は当時はできなかったわけですが、一〇〇年前のスペイン・インフルエンザに関しては、一回罹ると免疫がつくために、二回目の感染ではそれほど死者が出ないという傾向がありました。ですから、速水先生のように細かい統計を取る人が調べると、前流行と後流行の関連もわかるんですね。港町のように前流行に罹ったところは、二度目はわりと軽く済んでいる。逆に、最初の波で感染を避けた人たちが後で倒れているのが、スペイン・インフルエンザの特徴です。たとえば長野県は山の中ですから、感染がいちばん遅くまで続くんですね。むしろ港町や大都会は早く始まって早く終わる傾向がありました。

感染研究所のパーティで罹った原敬首相

鹿島　日本での流行の「先駆け」としては、一八一八年の春に、アメリカのカンザス州と台湾で流行が同時的にありました。インフルエンザは、鶏と豚と人間の共通ウイルスのために、鶏と豚の飼育場があるところが発生源になりやすい。カンザス州も台湾もこうした飼育場が多くある。もっとも、速水先生はいろいろな学者の説を総合して「渡り鳥説」を出していますね。カンザス州は有名な食肉マーケットがあるところで、豚からの感染だったと思います。台湾にはちょうど日本の大相撲が巡業で行っていて、そこで罹った力士が日本に戻ってきて夏場所をやる。その夏場所は休場者が非常に多くて、「角力風邪」「力士風邪」という名がついたということも書かれています。

磯田　台湾の巡業で三人も死亡したのに、当時は本場所の中止や無観客開催という発想はなかったんですね。さらに驚くのが、当時の首相の原敬(はらたかし)さんもどうやらインフルエンザになったようなんです。『原敬日記』を見ると、著名な感染症研究所の北里研究所の記念パーティに出席した日の夜、自分の家に戻る途中で悪寒を感じたというんですよ。つまり、日本でいちばん感染症に詳しいはずの人たちが、スペイン・インフルエンザが流行(はや)っている真っ只中にパーティを開いて、首相を招待していた。一〇〇年前はそんな感じだったわけです。

鹿島 『昭和天皇実録』によると、原敬からうつったのかどうかは知らないけれど、当時の摂政宮、のちの昭和天皇が罹患したようですね。

磯田 ええ。当時、皇太子だった昭和天皇は上野の山の美術展に行ってウイルスを貰ったらしく、後日、ゴルフ中に発症しました。その経緯は拙著『感染症の日本史』(文春新書)に書いておきました。ちなみに宮沢賢治は、妹のお見舞いに病院に行くんですが、きちんと消毒をしていて、それで感染を免れているようにも見えます。消毒や手洗いを履行する進んだ人もいたのでしょう。

ただ、これは速水先生が何度も書いていますが、一〇〇年前は映画館や劇場などがなかなか閉鎖されず、それが大きな感染源になっていました。今回もこのまま自粛を続けると「演劇の死」になってしまうという話がありましたが、一〇〇年前には「演劇人の死」も起きています。島村抱月(しまむらほうげつ)という有名な演出家が死亡してしまったんですね。それ以降、新聞もやはりこれは恐ろしい感染症だと意識して報道するようになりました。今回は悲しいことに、志村けんさんがそういう位置づけになってしまったわけです。相撲や演劇など人の集まる興行が早くから感染源になり、有名人の罹患によって恐怖による自粛が進むという展開は、一〇〇年前も今回も驚くほど似ています。

鹿島　有名なところでは『プロテスタンティズムの倫理と資本主義の精神』のマックス・ウェーバーも一九二〇年にスペイン・インフルエンザによる肺炎で亡くなっています。フランスだと詩人のギョーム・アポリネールが有名ですね。第一次大戦に志願兵として戦場に出て負傷したものの、戦場では死なずに帰ってきた。その後も『ティレシアスの乳房』という戯曲を書いて、けっこう話題になるんです。その後いろいろなパーティなどがあって、突然罹患して、第一次大戦の終わる二日ぐらい前に亡くなってしまった。それで、「アポリネール症候群」という名前がついたと書かれています。アンドレ・ブルトンの『通底器』という本には、「アポリネールに会ったことがあると、すごく威張れる」といったことが書いてありました。ブルトンでさえ会ったことを自慢するというのは驚きですが、それぐらい特別な人物だったんですね。それが三八歳という絶頂期で死を迎えてしまったわけです。ただしパリの劇場などはいっさいロックダウンされてないんですね。まるでスペイン風邪など無きがごとくです。

いろんな記録を見ましたが、一九一九年にパリに行った日本人はほとんどいないんです。ベルサイユ講和会議の一行だけはパリに行っています。このベルサイユ講和会議ではアメリカの代表団が罹患してしまいました。そのために会議が長引いたんです。しかし一九一九年の末から一九二〇年にかけては、パリに行きたくてしょうがなかった日本人たちが一斉に行くんです。たとえば、僕が伝記を書いた薩摩治郎八もそうでした。やはり一九一九年は、第一次大戦の影響だけではなく、スペイン風邪の流行による渡航制限はあったような気がしますね。

磯田　パンデミックに伴う制限や自粛の問題などについて、この本を参考にしながら考えるべきだと思うのは、教育現場のことですね。どうやら一〇〇年前も学校がそれまでやってきたことを変えるのは難しかったようで、京都の伏見の学校が、当時いちばん感染がひどかった神戸や大阪に修学旅行に行くと言い出すんです。父兄は「いま行くことはないから延期してくれ」と言うのですが、京都日出新聞の一九二〇年一月二七日の記事によると、学校側は変更不可能だと答えています。

船内の感染コントロールの難しさを伝える軍艦「矢矧」

鹿島　日本のスペイン・インフルエンザは、田舎のほうに行くほど致死率が高かった印象がありますね。たとえば会津なんかは、新聞に「全村惨死」という見出しが掲げられています。この時代の日本の村は、現在のアマゾンの秘境の人と同程度の免疫のなさだったんでしょう。だから全員が死んでしまう。こういうのを見ると、新大陸と旧大陸のコロンブス交換という現象を思い出しますね。たとえばタスマニアのアボリジニは、天然痘でほとんど全員死んでしまったわけですから。

磯田　その意味では、後流行のときにまだ罹っていない人たちがたくさん死んだということに対する恐怖はやはりありますね。だから僕も家族と話したんですよ。最初に抑え込めなかったら、次の波のほうが怖いかもしれないぞ、と。ただし人類史上初めて、今回だけはひょっとすると第二波の終わりあたりにワクチンが間に合う可能性もなくはない。速水先生は「人類とウイルスの第一次世界戦争」と書かれていて、僕はあんまり「ウイルスとの戦い」とは言いたくないんですが、これが「第二次大戦」だとすると、前回とは違う様相にしなきゃいけないとは思いますね。

鹿島　そうですね。なかなか難しいけれど。

磯田　まずは第一波が去った後の自粛解除をどうするかが課題でしょうね。一〇〇年前は、いったん流行が下火になると、市民はすぐにインフルエンザを忘れてマスクをつける人が少なくなってしまいました。それを医学者が「健忘症の日本人」と嘆いているんですよね。

感染曲線がしっかり麓まで下りてしばらくしてから自粛を解除しないと、痛い目に遭う。スペイン・インフルエンザでは、サンフランシスコでもそういうことが起きました。

鹿島　軍隊の場合、新兵の入隊が始まる一二月一日まで感染がなかったということは、ウイルスが兵営内に残っていたことを意味しています。春の流行が終わって、一二月一日まで誰も感染者がいないように見えながら、ちゃんと居残っていたということです。

磯田　種火のように残っていて、罹患したことがないところにまた再燃してしまう怖さがあります。ですから、これまでの努力を無にしないよう、慎重に状況を見極めながら、しかも経済を止めないようにやらなければいけない。これが実は非常に難しいんです。

鹿島　今回は日本でも初期にダイヤモンド・プリンセス号の罹患がありましたが、この本にも軍艦矢矧の話が出てきます。航海日誌がつけられているので、歴史学にとって非常に参考になる記録です。矢矧はシンガポールでいったん乗員を下船させちゃったのが間違いのもとで、そこでパンデミックがどんどん広がってしまった。唯一助かったのは、前流行のときに罹っていた人でした。

磯田　前流行で罹患していた明石という軍艦の人たちが乗り込んでいて、その人たちが抗体を持っていたおかげで、なんとか動いて漂流しなくて済んだ。機関停止、漂流目前だったんですけどね。船中での感染の難しさは、矢矧の例を読めば十二分にわかります。シンガポールの感染も下火になっているように見えましたから、そうなるとやはり下船したいんですよ、船乗りは。それで四時間だけ下船許可を出した。二日に分けて、しかも行き先を下士官専用の集会所に限定したけれど、なんと、およそ四五〇人の乗組員のうち五〇人ぐらいが死んだんですよね。

鹿島　罹患率はほぼ八〇パーセントで、副長も亡くなった。

磯田　船の中で感染拡大を止めるのは非常に難しいことが、矢矧の歴史で示されていたんです。最初は、上陸させた人のうち四人に風邪みたいな症状が現れたんですが、いいほうに考えてしまうんですよ。「これはただの風邪だ。インフルエンザじゃない」と。

鹿島　たしかに風邪と紛らわしいのは困ったもんですね。今回の新型コロナも、ちょっと熱っぽいぐらいなら「まあ大丈夫だろう」と思ってしまう。

磯田　それでも矢矧では一応、船内ゾーニングをするんですが、やはり船の中での隔離は難しい。可哀想なのは、船の中でも場所によって死亡率が違って、船底の密閉された環境にいた機関兵たちは、異常に罹患率・死亡率が高いんです。比較的広いスペースに隔離され、甲板にも上がれたかもしれない将校たちは、それほど高い死亡率ではありません。

また、マニラに着いてから外の病院に連れ出してもらえた人たちは、あまり死んでいないように思います。やはり、船の中だけでコントロールするのは難しい。しかし一方で、船の外に出すと陸に感染を広げてしまうという教訓もあります。オーストラリアの場合、軍艦からは上陸を許可しなかったのですが、一人の水兵が我慢しきれずに上陸してしまい、それから広大なオーストラリア大陸にウイルスが広がりました。船における感染症クラスターのコントロールがいかに難しいかを、人類は一〇〇年前から知っていたはずなんです。

「量」と「質」が研究の両輪

鹿島　速水さんのこの本を読むと、ここまで多くのことを明らかにする歴史人口学はすごい学問だと感心します。ただしそのためには、どんなことでもしっかりした統計を残しておくことが大事ですね。そのときには必要がないように思える統計でも後になって重要だとわかる統計もある。統計を消すとか、文書を破棄するとか、それは絶対やってはいけないことです。

磯田　統計は公文書の形でよく残りますから、公文書の保存をおろそかにすると結局は命に関わるんです。速水先生は、日本はよく統計が残っているといっていました。僕もそう思います。江戸時代もけっこう統計の元ネタが豊富な社会でしたし、明治政府でも、最初に杉亨二（すぎこうじ）という人物が、統計をしっかりやるために山梨県などをモデルにして国勢調査のもとみたいなことを始めています。そういう先人たちが残した統計が非常に大事なんですね。記録は命を守る砦（とりで）になっている。亡くなった速水先生に代わって私がいちばん訴えたいことです。

鹿島　本当にそう思います。人文科学では「こうじゃないか」という仮説を立てるのは容易なんですが、完全に実証することは非常にむずかしい。近似的に実証するにも、やはり統計の数字しかないわけです。だから統計として正直な数字が残っていることが実に大切だとつくづく思いますよ。二〇二〇年二月に刊行された速水さんの『歴史人口学事始め』（ちくま新書）を読むと、ルイ・アンリの家族復元法にヒントを得て日本に帰った速水さんが、宗門人別改帳からＢＤＳ法を考え出したことが書かれていますが、コンピュータもない時代によくこうした方法を思いつきましたね。

磯田　ベーシックデータシート（ＢＤＳ）は、電車の時刻表を真似て作っています。江戸時代の家族の年齢が一年に一歳ずつ増えていく表を時刻表みたいに作っちゃう。

鹿島　そうそう。速水さんは鉄道マニアだったんですね。

磯田　そうなんです。もう、大好きでね。鉄道模型を見ているときは子どもみたいでした。うちの妹がアルバイトで研究のお手伝いしていたのですが、お別れのときにお土産で置いていったのは鉄道模型で、ずいぶん喜ばれていました。

鹿島　何が学問や研究に結びつくかはわからないものです。速水さんとルイ・アンリの出会いも、たまたま、渋沢敬三の作った常民研（日本常民文化研究所）の研究員となったことで宗門人別改帳に出会っていなかったら、どうだったかわからないですね。ルイ・アンリの研究がいかに潜在的な可能性を秘めていたとしても、その潜在的可能性に気づくためには、出会った側の研究者にそれを顕在化するだけの知識の蓄積がなければならない。

磯田　そうなんです。速水先生はおもに統計数量という量的な分野で活躍されていたわけですが、その一方で、統計に表われてくる物事の「質」の検討が大事だとよくおっしゃっていました。というのも、渋沢敬三さんの作った常民研で机を並べていたのが民俗学者の宮本常一さんと中世史家の網野善彦さんで、この人たちと一緒に漁村の調査などをやったんです。宮本常一さんなんて、ものすごい量の農村、山村、漁村を歩いて、その息吹を伝えてくれるわけですよ。後年、統計数量による歴史叙述をやるときも、速水先生は「こういう数字の背景にある人の生活の質の中身は徹底して押さえなければいけない」と、折に触れて言っていました。現地・現場の「質」の話と、統計に現れる「量」の話を両輪にして詰めていくのは、やはり歴史社会学や社会経済史、民生学などの醍醐味だと思いますね。

鹿島　私がルイ・シュヴァリエの『労働階級と危険な階級』のすごさに気づいたのは、ヴィクトル・ユゴーの『レ・ミゼラブル』の読み解き方なんです。『レ・ミゼラブル』には、テナルディエという悪党が出てきますが、彼の悪党仲間はアニメみたいなキャラなんで、文学研究者はリアリティがないと馬鹿にし、歴史家は参考になる事実は読み取れないと考える。ところが、シュヴァリエは、こうした悪党たちの生態を記述するヴィクトル・ユゴーの筆使いに時代特有の恐怖が現れていると見抜き、その恐怖は、人口統計が示している時代の無意識とリンクできると考えたんです。書かれた内容ではなく、記述自体、フランス語でいえばシニフィエではなくシニフィアンのほうに、むしろ意味があるということを読み解いたわけです。シュヴァリエはシニフィアンに読み取れる無意識の恐怖をパリ市のデモグラフィックな変化と結びつけたんです。これがすごいと思います。こうした問題設定はデモグラフィーだけでは絶対に出てこない。歴史学者からは「シニフィアンみたいな確実でないものは史料とは認められない」と批判を浴びたらしいんですが、私は、こういうシニフィアンにしか現れてこない無意識を、文学的な感受性ですくい取ってデモグラフィックな統計と合わせて理解するという離れ業は、天才にしかできないものだと思いました。

シュヴァリエ以前の歴史学では、バルサックは正確だから部分的に使っていいけれど、ヴィクトル・ユゴーは出鱈目だから使っちゃダメということになっていたんです。ユゴーの中に歴史なんか探すのは邪道だと思われていた。だからユゴーには歴史のほうからも文学のほうからもあまりアクセスがなかったのですが、僕はたまたまシュヴァリエと出会ったことから、ユゴーの潜在可能性に気づいたんです。

しかし、その一方で問題もあります。歴史人口学はこれから大いに発展すると思いますが、そうなると細分化がどんどん進むはずです。数量的なことに特化する傾向も出てくるから、歴史の感受性と結びつかなくなるおそれもありますね。

磯田 数量化すると、異なる場所との比較も可能になるし、多変量解析で相関係数を出したり、コントロールと偏相関などもいろいろ出てきて、因果関係らしきものは出るんですよね。しかし調査対象の人たちの質的な暮らしぶりを覗かなければ、とんでもないことにもなりかねません。ですから、そこは大事なような気がしますね。

「不確実な未来」にどう備えるか

磯田 一〇〇年前に神戸市でインフルエンザが流行ったときに、運転手さんたちが罹患して市電が動かせなくなったんです。危険なので、乗客がマスクをつけて、市電やバスの中で拡散しないようにする対策をやりました。この本のカバーを見ればわかるように、当時のマスクは黒いんですよね。しかしこの「マスクをつけろ」が、一〇〇年前も日本では「要請」による「自粛」でした。一方、たとえばサンフランシスコでは今回、マスク法とかマスク条例と呼ばれるルールができて、マスクなしでは公共交通機関に乗せないわけですね。欧米はある程度の強制力を持った義務で、われわれは一〇〇年経っても要請と自粛、つまり自主的な判断に任されている。これはもう是非の問題ではなくて、強固な文化的素地があるとしか思えない。緊急事態が起きた場合に、法的な強制力で行動をコントロールするのではなく、世間の目や共同体からの同調圧力によって規範を守らせる。そういう社会のあり方も、この本から垣間見えました。

鹿島　フランスに初めて行ったときに、メトロに乗ってものすごくビックリしたことがあるんです。座席の窓のところに、「何年何月の法により、以下の人にこの座席の優先権を認める。一・傷痍軍人、二・妊婦……」と一から五くらいまで書いてあったんです。要するに、法律で決めちゃったら、みんなそれを守る。だけど法律がないと、守らない。犬のフンの放置が問題になったときも、「みんなやめましょう」といって自粛を求めたけれど誰も絶対自粛しなかったのに、法律ができたら、あっというまに道端から犬のフンがなくなりました。たしかに欧米の人間は法律があればそれに従いますが、法律がなければ自粛なんて全然しない。そういう文化の違いは現れていますね。

磯田　そうなんですよ。

鹿島　あと、速水さんは鉄道に沿ってどんどん感染が広まったと書かれています。日本でスペイン・インフルエンザの感染が広まったのは、日露戦争の後、この時代までに鉄道が全国津々浦々まではりめぐらされていたからかもしれません。

昔、『マラリアvs.人間』（ロバート・S・デソウィッツ／晶文社）という感染学者の本を読んだことがあるんです。それによると、フランスとイギリスはかつてどちらもインドシナに植民地を持っていましたが、イギリス植民地では風土病があっという間に広まってしまいました。

なぜかというと、イギリス人は植民地を作るとき、まず港を作り、次に鉄道をずっと奥地の鉱山まで引いてしまうわけです。都市づくりなどはあまりやらない。だからイギリスの植民地では鉄道に沿って感染症が広まってしまうんですね。

ところがフランス人は、植民地を得るとまず港を作るのはイギリス人と同じなんですが、次はその港の近くにパリとそっくりな都市を作るんです。鉄道はあまり作らない。だからマラリアに似たカラアザールという風土病は、フランス植民地ではあまり広がりませんでした。

これは、磯田さんも出演されたＮＨＫの番組でも語られていましたが、アラスカのイヌイットの女性の遺体から採取したスペイン風邪のウイルスを再現したという話がありましたね。いまから五〇年ほど前にフィンランドの学者がそれをやったんですが、新しく開発された研究法で改めて調べたら、スペイン・インフルエンザのウイルスが同定できた。つまり、イヌイットの村までスペイン・インフルエンザは広まったわけです。

磯田　これがどういうものだったのかというウイルス学的な研究が進んだのは、本当に近年の話なんですよね。永久凍土などから発掘された遺体から採取されたのは非常に強力なウイルスでした。しかし、将来、スペイン風邪や新型コロナよりも強力な毒性を持つウイルスが出現して人類を襲ってこないとも限らない。これほど自然を破壊し、これほどジェット機で人間が世界を往来すれば、今後も必ず、何かは起きます。「強毒性の感染症が襲来する前提」で、社会設計をしておく必要があります。

鹿島　そのために病床をどれだけ確保すべきかなど、難しい判断はたくさんあります。

磯田　将来社会のモデルが、はっきりわかっている場合は、効率を考えるのが有効です。選択と集中ができます。しかし、パンデミック後の未来は不確実です。不確実な時代の学問は選択と集中をやってはいけません。今回のパンデミック以前の日本の科学政策は明らかに選択と集中でした。論文引用数が多い「上から一〇パーセント」に、予算を集中してつけるような話が進みました。しかし、不確実性が高い時代の学問は多様性が大事です。百科事典と同じで、多様な項目が揃っているからいろんな事態に対応できる。たとえば鳥インフルが流行ったときに、どこかの大学の農学部に専門の研究者が一人いれば、大いに頼りになるでしょう。今回のコロナ禍なら、この速水先生の研究がそうです。僕の義理の叔父にあたる石弘之（いしひろゆき）が書いた『感染症の世界史』（角川ソフィア文庫）も、いまは注目されていますが、この事態が起きるまではそんなに振り向く人はいなかったし、良い本の割には、そんなに引用された著作ではありませんでした。日頃から多様な研究を行なっていることが、いざというとき、力になるんです。

鹿島　研究とはそういうものです。本を買うときも、「よし、この本さえあれば研究は完成だ」と思ったら、あまり役に立たなかったりする。むしろ「こんなの役に立たないだろうな」と思って買った本にお世話になるケースが多いんですね。

磯田　学問や文化は、いま書く論文や原稿にすぐに役に立つ資料のあいだばかりを行き来するんじゃダメです。いつ役に立つかわからない、いや、これを使うことは生涯ないかもしれないと思うような本でも、いったん何か起これば必要とされるし、情報として輝くんだと思いますね。

専門分野を超えたジェネラリストの多様な視点

鹿島　そういう意味で、この本は本当に偉大な一冊だと思いますね。速水さんは経済史から歴史に入られた方なので、プロパーの歴史家ではないんです。でも、だからこそこうした新しいジャンルを作ることができた。最初は誰も認めてくれなくても、どうしてもこの研究をやらなきゃいけないという信念があったんでしょうね。速水さんがそのきっかけを得たのは、慶應大学の基金でした。二年間どこへ行ってもかまわないという自由な制度によって、彼の人生が大きく変わっただけでなく、日本の歴史学研究の方向まで変わったわけです。学者を若いうちに自由に海外に行かせるということがいかに重要かということですね。

これは学生にいつも言っていることですが、考えるとは何かというと、最終的に比較することしかないんです。比較とは、差異と類似を見出すこと。そして、その差異と類似を見出せるのは、縦軸の移動なら歴史学、横軸なら人文地理学および旅行だけなんです。だから、若いうちにそれをやっておくのが何よりも大切。一点だけを、それこそ一所懸命にやるのでは、あまり面白い研究は生まれてこないと思いますね。

磯田　たしかに、ここここはどう違うのかという差分に人間の発想の芽があるように思います。たとえば日本とイギリス、日本とインド、日本と中国を比較するといった具合に、対象とするフィールドを飛び越える。

　もう一つは、時代ですよね。いまわれわれがやっているように、一〇〇年前と現在を比較するとか。あるいは、分野の越境も大事ですね。経済学と歴史学のあいだとか、鹿島先生の比較文学みたいに、フランス文学と日本文学とか。先生は渋沢栄一さんの研究までなさるわけですけど、そういう多様な差分からアイデアが出てくるんだと思います。

　日本は「専門は何ですか」と聞く人が多くて、専門外のことを語ると批判する人もいますが、それは逆に面白がるべきです。「あなたは何が専門ですか」と問われたら、「いや、人間が専門です。私は人間としてやっているんです」というのが正しい姿。人を一つの専門分野に押し込めて、それに関する発言だけを求めるのは、豊かな社会のあり方じゃありません。それをやっていると脆弱になると思います。

鹿島　そうですね。たとえば日文研（国際日本文化研究センター）を作った梅原猛（うめはらたけし）さんは、本当にジェネラリストですよ。専門ばっかりやっていたら、梅原先生のような学者は出てきません。京都大学から多くのジェネラリストが生まれるのは、自由の学風のおかげなんでしょうか。あまりに効率ばかり追い求めて専門への特化を促すと、本当の意味での学問が生まれなくなります。

磯田　実は速水先生のお父さんは京都大学の哲学科なんです。西田哲学とか和辻哲郎(わつじてつろう)とか、京都学派の人たちには、分野を超えて、あらゆる知識を世界中から、あるいは時代を超えて収集してやるという姿勢があったと思います。その意味では、二一世紀初頭に生まれたこの本も、その延長上にあるのかもしれません。やはり人文系の学問は、分野を超えて膨大な知識を比較し、多様なものを見ていくのが大事だと思います。

博覧会と百科事典

鹿島　あるとき、神田神保町の田村書店でパリ万国博覧会総目録が売られていたんです。すごく高くて、大学の研究室のお金ではとても買えない。そこで図書館の特別予算を使おうとしたら、主任の先生が「こんな本を買ってどうするんです？　フランス文学の研究には何の役にも立たない。こんなものを買うなんて問題だな」と言うんです。そうしたら、その会話を横で聞いていた河盛好蔵(かわもりよしぞう)さんが「面白いじゃないですかこれ。ぜひ買いなさい」とおっしゃってくれました。それで買ったんです。そこから僕の万国博覧会研究が始まり、第二帝政研究につながり、さらに渋沢栄一にまで来たわけです。資料との出会いとはそういうもので、何の役に立つかわからなくても、面白いと思ったら買う。こういう資料との出会いはとても重要ですね。

磯田　私も最近、日文研の図書費で買ったのは博覧会のものです。中国が戦前期に始めた博覧会を金沢あたりから日本人が見に行った記録があったんですよ。絶対と言っていいほど研究には使わないと思われますけど。博覧会によって国を盛んにする動きが中国でも戦前に起きて、あれは北条時敬（ほうじょうときゆき）だったかな、金沢の高等学校の人たちが中国人が開いた博覧会を見に行って、その感想をひたすら書いているんです。

鹿島　へぇ（笑）。

磯田　中国と博覧会という点で、これは自分が使わなくても後世に残すべき古書である、と思いました。したがって、日文研が持っておかないといけない。八万円の個人研究費を自分が使わないものに払うのはどうかと思ったのですが、やはり買うべきだと。博覧会は大事です。

鹿島　博覧会には、すべてがある。これは百科事典もそうなんです。古い百科事典は誰も買わないので神保町でもいちばん最初に捨てられちゃう本なんですが、これは百科事典というものを知らない人の態度です。というのも新しい百科事典を作るときには新しい知識を入れるから、その分、古い項目は削除されてしまうのです。古いことを調べるには古い百科事典じゃないとダメなんですね。たとえば渋沢栄一の実家は藍玉製造を仕事にしていたんですが、藍玉製造の方法のことはいまの百科事典には何にも出てこないですよ。だけど昔の、平凡社が最初に出した頃の百科事典にはちゃんと出ているんです。藍玉の製法とかね。

磯田　僕、百科事典を頭から一項目ずつ読んでいくのが好きな子どもだったんです。

鹿島　あー、すごいですね。

磯田　なかなか根気はいるんだけど、面白いですよ。ちょっと大きくなってくると、なぜか親が持っていたアメリカーナという英語の百科事典を平凡社の百科事典と照らし合わせながら、やはり一項目ずつ読むんですね。これは知識量を増やすにはものすごくいいやり方なんです。

鹿島　荒俣宏(あらまたひろし)さんは大変な博識な方ですが、彼は平凡社の百科事典の小項目を担当していたらしいですね。

磯田　僕、平凡社の社長さんにお礼を言ったことがあるんですよ。私の知識のほとんどは平凡社の百科事典で作られている。ああいう本を出してくださってありがとう、と。あんまりお礼は言われたことがないそうですけど。

真の意味での「撲滅」は難しい

鹿島　最後に、この新型コロナ禍の今後の見通しも話しておきましょうか。スペイン・インフルエンザは、集団免疫で終息したということですね。

磯田　何度も波を繰り返しながら、一定数の人たちが集団免疫を獲得したことが大きいと思いますね。その点から言うと、今回もある程度の人が感染することが終息につながるんですが、気をつけていただきたいのは、今回はワクチンによる集団免疫がこの規模のパンデミックとしては人類史上初めて可能かもしれないということです。ワクチンによって国民が集団免疫を獲得して、それで下火にしていくのかもしれない。ワクチンはどれぐらい強い抗体が持続するか、安全性はどうか、という問題はあります。しかし、やはり世界である程度同時に一定割合が免疫を獲得しないと終息にはならない。何らかの形で多数が免疫・抗体を持たないとパンデミックは終わらない。速水さんのこの本はそれも訴えかけていると思います。

鹿島　インフルエンザの戦略というものもあると思います。感染した人がすぐに亡くなってしまったのでは、ウイルス自身は広まることができません。だから一定の潜伏期間を作っているわけですが、あまりに猛毒のインフルエンザ・ウイルスだと、感染は短期間で終わってしまうんですね。スペイン・インフルエンザを見ると、だいたい三週間ぐらいです。大流行があるエリアを襲い、次の町に行ってから三週間、こういうことをやっているわけですね。でも強毒性だから、それ以上は広まらないんです。

ところが別の感染症の本を読むと、その後、ときどき流行するインフルエンザは、実はスペイン・インフルエンザと同じものだったというんですね。つまり、だんだん弱毒化して、普通のインフルエンザになった。ウイルスの側からすれば、弱まったほうがたくさん広まって、長く生き延びることができるわけです。そういう戦略があるから、これで終わりとなることはないんです。ウイルスは細く長く生きるか、太く短く生きるか、どちらかの選択をする。いまのところ日本には死者が少ないので、日本のコロナウイルスは弱毒性なのかと侮っていると、ウイルスのほうで戦略を変える可能性もあります。だから怖いんですね。まだ、どういうウイルスなのか読めない。

磯田　ウイルスは変異によって性質を変えながら、少しずつ長く生き残っていくケースがほとんどですよね。研究所の冷蔵庫の中に閉じ込められたといえるのは天然痘くらい。土俵際でギリギリまでいったという意味ではポリオがそれに次ぐかもしれませんが、ほかの星の数ほどいるウイルスは、そんなことにはなっていません。真の意味での「撲滅」は非常に難しいものです。今回の新型コロナウイルスも、やはり形を変えながら長く続いていくでしょう。問題は、人間に大きな被害をもたらさないものにしていけるかどうかだと思います。

鹿島　やはり、長期戦を覚悟しないといけないということですね。スペイン・インフルエンザは、一九二一年にも最後の流行がありました。足掛け四年、世界中をぐるぐる回っていたわけですから、けっこう長い。今回も最低でも二年、下手をすると三～四年かかることも覚悟しなきゃいけないかもしれませんね。

磯田　この新型コロナへの対処では、トータルでの超過死亡を減らすことを考えるのも重要です。その方法に、あらゆる知恵と能力と資源を使わないといけない。新型コロナウイルス本体での死者以外にも、たとえば経済的に追い込まれた人々が自殺するといったことも起きかねません。

もちろん、一方で外出の自粛によって、交通事故死など一時的に減少するものもあると思います。また、みんながマスク着用や手洗いを励行したことで、インフルエンザによる死者は劇的に減るかもしれません。しかしその反面、新型コロナが流行っているせいで、病院に行くのを見合わせる人もいます。その結果、症状を悪化させたり、中には手遅れになるといった形での関連死が生じるわけです。そういう死者を減らすことも含めて、政策担当者は総合的に考えなければいけません。

鹿島　おっしゃるとおりです。そういう示唆を与えてくれるという意味でも、速水先生のこの本は、拳々服膺（けんけんふくよう）すべき一冊ですね。

磯田道史が薦める

関連図書

『感染症の世界史』
石弘之 角川ソフィア文庫 2018年

『歴史人口学事始め』
速水融 ちくま新書 2020年

『感染症の日本史』
磯田道史 文春新書 2020年

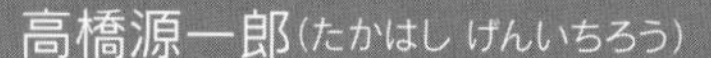

高橋源一郎（たかはし げんいちろう）

作家。明治学院大学名誉教授。

横浜国立大学経済学部中退。1981年、『さようなら、ギャングたち』で第4回群像新人長編小説賞優秀作を受賞しデビュー。1988年『優雅で感傷的な日本野球』で第1回三島由紀夫賞、2012年『さよならクリストファー・ロビン』で第48回谷崎潤一郎賞受賞。著書に『一億三千万人のための「論語」教室』、『たのしい知識：ぼくらの天皇（憲法）・汝の隣人・コロナの時代』ほか多数。1951年、広島県生まれ。

第6章

高橋源一郎

『9条入門』——憲法と戦後史を改めて考える

課題図書

『9条入門』

憲法9条とは何なのか?
憲法9条の問題とは何なのか?
敗戦〜憲法制定までの「出生の秘密」から
「昭和天皇」「日米安保」との相克まで、
政治的立場を超え、憲法9条について考える。

加藤典洋[著]
創元社(「戦後再発見」双書)
2019年4月刊

ヴィシー政権と日本国憲法はどちらも「二重人格」だった

鹿島　『9条入門』は先頃亡くなった加藤典洋（かとうのりひろ）さんの遺作ともいうべき本ですが、加藤さんは、改憲派と護憲派の二項対立が戦後ずっと続いていることについて一所懸命に考えていると言っています。加藤さんの立場は僕の立場とかなり近くて、基本的には真実が優先するということです。自分に嘘をついてはいけない、というのが基本にあるんです。改憲派も護憲派も、嘘をついているわけではないんだけれども、自分の都合のいいところは強調し、都合の悪いところは隠してしまうがゆえに、両派の不毛な二項対立が生まれる。ならば、九条の真実に近いものを探っていくのが正しい道ではないか。ひとことでいえば、この本は、デカルトの「観察せよ、そしてすべてを疑え」という原理から出発しているわけです。

この意味で、護憲派も改憲派も相手を自分のほうに引き入れようとするのですが、そうはいきません。真実は〇・五のところにあるのに、改憲派も護憲派も自分たちの主張を「盛って」一に見せようとする。そのために、すり合わせができなくなっている。だから、〇・五をちゃんと復元してみようというのが主張なんですね。その〇・五が何かについては、高橋さんとのお話の中で語っていきたいと思います。

高橋　いやー、びっくりした（笑）。鹿島さんと対談するテーマが『9条入門』だったのは、ちょっとたまげました。だって、鹿島さんと九条って関係あると思わないじゃないですか。パリと何の関係もないし（笑）。というわけで、心の平静を保つために、そこだけ最初に聞いておきたいんですけど。

鹿島　フランス現代史の大きな問題の一つに、ヴィシー政権をどう考えるかというのがあるんですね。フランスは一九四〇年夏にナチ・ドイツに攻められて降伏するんですけど、ヴィシー政権は休戦交渉をするためにヒトラーの要求を受け入れながら、一応はフランスの独立を保った形で成立した政権です。ところが、それから四年後にパリが解放されると共にヴィシー政権も消えて、フランス人は、以後、ヴィシー政権はなかったことにしようとしたんですね。

ところで、GHQによる日本の占領と日本国憲法の関係は、ヴィシー政権を裏返したような形になると考えられます。これは僕のSF的な想像ですが、たとえば戦後に朝鮮戦争が長引いて、日本が平和憲法を破棄して戦争に参加し、戦前の体制に完全に戻ってしまっていたらどうなるのか？　幣原（しではら）内閣と吉田内閣は、裏返しのヴィシー政権になったかもしれません。つまり、占領軍に全面屈服し、あたかも自主的に、国民の発意であるかのように、それまでの体制を全面的に否定して、占領軍に迎合した政権だったということで、幣原・吉田内閣とペタン元帥のヴィシー政権は似ているんじゃないかと考えたわけです。この意味で、九条と戦後史について改めて考えてみるのに、この本は最適だと思ったんです。自分の専門とは違いますが、フランス史との対比という側面からも日本の戦後史にそれなりの関心を持ってきたわけです。

高橋　なるほど、スッキリしました（笑）。実は先日、ちょっと事情があってフランスのリセの教科書を翻訳で読んだんです。高校の教科書ですが、まず驚いたのは、その分厚さ。大判で五〇〇ページぐらいありましたが、現代史ではヴィシー政権のこともかなり詳しく書いてありました。面白いのは、教科書なのにその項目のタイトルが「二重人格としてのフランス」。日本やドイツは明らかにあの戦争の敗戦国ですが、フランスは、勝ったのか負けたのか、被害者なのか加害者なのか、実はよくわからないんですね。戦争中に北半分をドイツに占領されて、南にそのヴィシー政権ができた。実際にはドイツの意向を忖度していたので、ユダヤ人虐待にも手を貸しているんですね。それを、とりあえずなかったことにしたんですよね。

鹿島　そういうことです。

高橋　映画では、対独協力者を摘発して女性の髪の毛を剃るシーンなどがよく描かれます。それで、当時のフランス人はレジスタンスで戦ったという神話ができた。共産党もド・ゴールも戦った。ヴィシー？　そんなのいたっけ？　という感じで語ってきたわけです。要するに、記憶の捏造なんですね。フランスはレジスタンスによって勝った国だと思い込んでいるけれど、実は抵抗せずに対独協力したという暗部がある。それをごまかすことでフランスの戦後を作ってきたんだけれど、とくにアルジェリア戦争以降はそれが保てなくなってきた。だから自分たちの過去に向き合わなきゃいけない――というのが、教科書のテーマになっていました。

鹿島　いまはそれが公的な基本姿勢になっていますね。

高橋　そういう意味で、フランスは二重人格たらざるを得なかったわけですが、よく考えたら、日本も同じなんですよね。

鹿島　同じなんですよ。フランスは占領軍がファシズムのナチだったけれど、日本は民主主義のアメリカだったという違いですが、どちらも占領軍に屈服してその価値観を受け入れたことに変わりはない。いまは戦前の大日本帝国憲法的な価値観が復活して、フランスの裏返しの状況になろうとしているんです。

日本国憲法に対する「五つの意見」

高橋　鹿島さんが加藤さんの本を選んだ理由はよくわかりました。この本のいちばんすごいところは、憲法一条と九条をワンセットで考えろという提案をしていることですよね。日本国憲法は、一条から八条までの第一章が天皇の条項で、第二章が九条の戦争放棄。第一〇条から人権の話になります。僕たちは天皇条項と九条を分けて考える癖があって、九条の話をするときは天皇の話はしません。でも加藤さんはそれを一緒に考える理由を、この一冊を丸ごと使って書いています。

それはすごく大事なことだと思います。というのも、二〇一九年に天皇が代替わりして元号が令和になったわけですが、その際に天皇制をどうするかという議論が一度も起こりませんでした。実は、昭和天皇が亡くなる直前には「天皇制は必要なのか」という話があったんですよ。でも、いまアンケートを取ったら「天皇制はあっていい」という人が九九パーセントだと思いますね。「天皇制はいらない」と答える人は、よっぽどの変わり者、「非国民」でしょう。

一方、九条に関しては、いまでもおそらく「変えないほうがいい」と答える人のほうが多いとは思います。でも、ざっくりいうと五分五分ですね。

終戦直後は天皇制も九条もどちらも五分五分だったけれど、七五年経って、天皇制のほうはほぼ一〇〇パーセント認め、九条のほうは五〇パーセントになった。そこに何があったのかというのが、加藤さんの問題提起です。

憲法九条の問題は、ふつう、自衛隊をどうするかという政治の話になってしまいますよね。加藤さんは、そこで論議していたのでは絶対に何も解決しないといっています。そうではなくて、歴史の淵源に遡る（さかのぼ）ることで、初めて現代の問題を解決するために考える材料が出てくる。そこで加藤さんは、一九四六年まで戻るわけです。タイムマシーンに乗って一九四六年二月あたりに戻るんですね。これが大事なんですよ。一九四六年二月、一条と九条がワンセットで生まれた瞬間を知らずに、天皇の話や九条について議論するのは虚しい。僕はこの点については加藤さんに共感します。これからの憲法に関する議論は、加藤さんのこの本をベースに考えなければいけない。それぐらい重要な問題提起がなされていると思いますね。

僕が見たところ、いまは大きく分けると憲法九条について三つの意見があります。

一つは、「現実に憲法を合わせろ派」。要は改憲です。朝鮮半島は危ういし、中国が攻めてくるかもしれないから、軍隊を持たないとヤバいでしょ、と。だから、すでに自衛隊は軍隊みたいなものだけど、憲法を変えて正式に認めましょうというわけです。

二つ目は、いや憲法の理念があって日本は七五年間も平和だったのだから、理念に現実を合わせろという意見。だから憲法は絶対に変えないし、最終的には自衛隊をなくしてもいい。まあ、さすがに最近はそこまで言わなくなりましたけどね。

三つ目は、それこそ「二重人格」でＯＫという立場です。現実に「軍隊」としての自衛隊は存在しており、憲法九条とのあいだに矛盾があるのはわかっている。でも人間は矛盾のある不安定な状態だと逆に身動きできなくなるので、そのおかげで平和が保てるというわけです。だから自衛隊と憲法の矛盾は見なかったことにする。これはあんがい支持者が多くて、僕もしばらくこれでした。

以上が大まかな三タイプなんですが、実は細かくいうと五つあるので、もう少し聞いてください。四番目は三番目に似てるんですが、僕が三年ほど前から憲法を教わっている長谷部恭男(はせべやすお)さんの考え方。九条では交戦権を否定していますよね。そこには「準則」と「原理」というのがあって、あれはあれで守ればいい。しかし誰かに襲われたら、守っていいというんですね。そこには「準則」と「原理」という概念があるんです。憲法という「準則」は残しつつ、一方で生存という「原理」を守るためには軍隊で粛々と抵抗すればいい。だから、憲法を変える必要はない。憲法は人間の合理的判断のもとに運用すべきなのだから、現行憲法のままでも外敵から攻撃されたら反撃することに何の問題もないというわけです。

で、最後の五つ目が加藤さんの立場です。これは簡単にいうと「もう一回、考えろ」という話ですね。いま挙げた一から四まで全部なしにして、どうやって憲法が生まれてきたかを考える。それによって、対応の仕方も変わってくるというわけです。一例として挙げられたのは、伊勢崎賢治さんの改憲案。国際法に則りつつ戦争放棄ができるという、きわめて現実的な戦争放棄の条文案です。これが加藤さんの考える五番目ですね。

幣原の「戦争放棄」をわざと拡大解釈したマッカーサー

高橋　この本の中でいちばん重要な指摘は、憲法九条の戦争放棄条項を誰が考えたかということです。マッカーサーが考えたのか、それとも幣原喜重郎が考えたのか。これは長く論争になっています。マッカーサーが考えたなら、日本はそれを押しつけられたことになるから改憲しろ、という話になりますよね。しかし幣原喜重郎が考えたのなら、日本人のオリジナルだから戦争放棄条項を変える必要はない、ということになる。つまり改憲派と護憲派の対立は、あれを考えたのがマッカーサーか幣原喜重郎かというところに原点があるわけです。

加藤さんは、どちらでもない第三の意見。たしかに幣原は戦争放棄条項を提案し、それを聞いたマッカーサーがあえて誤解したという説ですね。これはどういうことかというと、そもそも戦争放棄条項は日本だけの特別なものだと思っている人が多いんですが、違うんです。一九四五年に戦争が終わった段階で、イタリア、フランス、ドイツ、みんな戦争放棄条項を作った。僕はこの本で知って目からウロコが落ちました。

ただし、フランス、ドイツ、イタリアと日本は違います。日本だけ「絶対放棄」なんですね。日本以外の三カ国はみんな同じシステムで、平和に関する条約などを結んで、国際的保障がある場合に限り、交戦はしない。これは要するに相互保障です。パリ不戦条約ですから、第一次大戦のときにすでにこの概念はありました。

加藤説によれば、幣原が提案したのはイタリア、ドイツ、フランスと同じ戦争放棄条項です。ところがマッカーサーは知らないふりをして（笑）、わざと交戦権も軍隊も持たない条文にしてしまった。それはなぜか。どうやらマッカーサーは一九四八年の大統領選挙に立候補するつもりだったので、日本を完全民主化することでポイントを稼ぎたかったんです。そのためには、まず天皇制は残しておかないといけない。さらに、ふつうの戦争放棄条項だけではイタリア、フランス、ドイツと一緒だから目立たない（笑）。そこで出たのが、絶対放棄というアイデアです。

この加藤さんの説は、非常に説得力があると思います。いままで、幣原喜重郎自身の発言がしょっちゅう変わるのが謎だったんですよね。

あるときは「自分が提案した」と言い、あるときは「マッカーサーが勝手に決めた」と言う。しかし幣原の提案とマッカーサーの案が違うなら、それもわかります。マッカーサーが突然「絶対放棄」というとてつもない条文を出してきたので、日本の平和主義的な官僚たちでさえ「こんなおかしな憲法はあり得ないだろう」と驚いた。しかしマッカーサーはこれを押し切り、一九四六年に成立してしまったわけです。

ここで、さっき鹿島さんがおっしゃった記憶の書き換えの話になるんですね。実はこの本のいちばんのテーマは、日本人のメンタリティなんですよ。最初に憲法九条の草案が出たとき、日本人の反応は五分五分だったそうです。アンケートを取ると「こんなので大丈夫なの？」と心配する人が半分はいたんですね。ところが実際に憲法が公布されると、平和憲法を歓迎するような熱狂が高まった。これは一体どういうことか。

これはまさに加藤さんのオリジナルな考え方ですが、日本人は一九四五年八月一五日まで天皇制という国体のもとに生きていました。ところが敗戦によって天皇の姿が消えて、その空白に入ってきた占領軍が憲法を発布した。天皇は人間宣言をして、憲法の規定上も国民主権になります。その結果、憲法九条は天皇に代わる新しい「国体」になったのではないか。それが加藤さんの見方です。日本人の心に生じた空白を埋めたという意味では、マッカーサーは優れた精神科医のようにも見えてしまいます。

鹿島　フランスのヴィシー政権と日本の幣原・吉田内閣が違うのは、マッカーサーという個性の強すぎる総司令官が連合軍にはいたことです。

高橋　あの九条によって、ものすごく高い理想を掲げたわけでしょ。イタリア、フランス、ドイツの憲法はリアリズムなんですよ。それに対して日本の九条は、天皇制がそうであるのと同じように不合理なんです。しかし不合理だからこそ、日本人は熱狂した。新しい国体になったというわけです。怖いのは、かつての右翼も軍国主義者も全部そっちに行ったんですよ。集団転向が起きたんですね。僕がこの本の中でいちばん好きなエピソードは、その熱狂の中でたった一人だけ反対した人がいるという話。美濃部達吉です。

鹿島　元東京都知事の亮吉さんのお父さんで、天皇機関説を唱えて貴族院議員を辞職した人ですね。

高橋　天皇機関説で有名な美濃部さんは、枢密院の議員として、新憲法草案に唯一の反対票を投じました。おかしいでしょ、これ（笑）。まともな人が一人しかいなかったんです。

それ以外の日本人は全員、右も左もみんな流されていた。一九四六年に流されてから七〇年以上も流されっぱなしというのが、加藤さんの見立てですね。

アメリカはなぜ天皇訴追を回避したか

鹿島　美濃部達吉は、大日本帝国憲法のままでまったく問題ないという立場なんですね。だから憲法を変える必要はないと考える。それに対して、主に憲法学の立場から日本国憲法を支持したのが宮沢俊義（みやざわとしよし）さんという人です。この人は美濃部達吉の一番弟子なんです。美濃部さんが天皇機関説で弾圧を受けたときも、最初は美濃部さんを支持していた。しかしやがて、軍部などの圧力を受けて日和（ひよ）ってしまって、国体明徴（こくたいめいちょう）のほうに傾いちゃったわけですね。

戦後は憲法研究会の座長のようなポジションでしたが、この本によれば、宮澤さんはどこかでマッカーサー憲法をカンニングしたようですね。それで突然豹変して、あたかも自分たちがマッカーサーとは独立に新憲法を考えていたかのように振る舞った。そういうことも含めて、嘘はやめようよというのが加藤さんの立場ですね。天皇制についても、九条の戦争放棄条項についても、それぞれの立場の人たちがその自覚なしに嘘をついていることが多い。そのせいで立場が二つに分かれてしまうのだから、歴史的に正確に復元するために嘘はやめましょう、と。太宰治が死ぬ直前に書いた『如是我聞（にょぜがもん）』というエッセー集の中で、「やったことはやった、はっきり言わないと何も始まりません」と言っているんですけど、それが加藤さんの言いたいことです。

もう二五年ほど前ですが、NHKスペシャルを書籍化した『東京裁判への道』（粟屋憲太郎・NHK取材班／NHK出版）という本を読んで衝撃を受けたことがあるんですよ。当時まだ生きていた九一歳ぐらいのチャールズ・L・ケーディスにまでインタビューを試みた、かなり突っ込んだ内容でした。この本と加藤さんの『9条入門』を突き合わせてみると、一九四六年の時点で、日本人が戦争放棄をまったく考えていなかったことは明らかです。そんな問題意識すら抱いていなくて、日本人にとっていちばんの関心事は、天皇が東京裁判で被告にされるかどうか、という問題なんですね。『東京裁判への道』によると、戦前の日本大使だったグルーが、八月一五日までアメリカ国務省の次官として、いろいろと和平工作をやっています。グルーさんの立場は明快でした。国体、つまり天皇制を認めると言えば、日本はすぐに戦争をやめるから、すぐにでも国体護持をポツダム宣言に含めるべきだという立場を貫いていたんです。ルーズベルトは無条件降伏派なので、徹底的に日本をぶっ潰せと主張しましたが、トルーマンは外交をほとんど何も知らなかったので、グルーさんが一所懸命に説得したんですね。

ところが、そこにソ連の参戦と原爆投下という要因が加わります。トルーマンは、迷いつつも原爆投下にハンコを押してしまいました。すると、日本に対して国体を認めると言ってしまうのはまずい。それで最終的に、ポツダム宣言から「天皇制を認める」という条項を外しました。「戦後の日本の体制は日本人の判断に委ねる」という非常に曖昧な表現に変えてしまったわけです。日本側は、外務大臣の東郷さんがこれを一所懸命に深読みして「これは国体を認めるという意味だから降伏してもいいのではないか」という考えに変わっていきました。

しかし『東京裁判への道』によると、アメリカの世論は、ほぼ九〇パーセントが天皇処刑に「賛成」でした。ところで、ルース・ベネディクトの『菊と刀』という本を読めばわかるように、開戦後すぐにアメリカは人類学者を総動員して日本を研究をしていました。

この人類学的研究から割り出したのが、日本は天皇制を認めてやりさえすれば支配しやすい国だという結論です。マッカーサーもそれを理解して、天皇訴追をやめる方針で動き始めました。昭和二〇年一〇月六日に来日した東京裁判のアメリカ検事団は、司法の専門家として天皇訴追は技術的には十分に可能だと考えていましたが、日本へ向かう飛行機に乗り込む直前に、「天皇訴追はペンディング」という政府からの指令が届いたんです。そして日本に着いたら、検事団のトップであるキーナンが「俺は本当は天皇を訴追したいけどやめよう」と言った。ここでアメリカの心はほぼ一致していたんですね。

しかし、天皇を処刑するまで絶対に許さないと主張する最強硬派がいました。オーストラリアです。彼らは、「天皇を被告に入れる」という文書を国際的に撒いちゃったんですね。アメリカは困って、東京裁判と占領内政を切り離すことにして、別に極東委員会というものを作って、憲法をはじめとする日本の内政はそこに委ねることとしました。オーストラリアを少数派に追い込むのが目的です。

マッカーサーがオーストラリアの動きを知ったのは、一月下旬ぐらいのことでした。そのオーストラリアを含めた極東委員会に占領内政を委ねたら、天皇制は維持できなくなります。マッカーサーは、それでは自分が日本を支配するのに不都合だと考えました。極東委員会のメンバーが米国行きの船に乗るのは二月一日。米国に到着して委員会ができあがるのは二月二六日くらいになります。そこでマッカーサーは、その前に日本国憲法を作ってしまおうと画策したんですね。

ちなみに日本政府が独自に作った帝国憲法そっくりな憲法案を毎日新聞がスクープしたのが二月一日。マッカーサーはその前に政府案を見てこれではダメだと思い、一月下旬頃に自分で日本国憲法草案を書いて民政局に伝えました。日本を支配するには天皇制を残して利用するのがいちばんだけど、帝国憲法のようなアナクロニズムでは、極東委員会が納得しない。そこで、「天皇は象徴にすぎない」という立憲君主制の中でもいちばんピースフルな条文を作ったわけです。さらに、それだけでは足りないから合わせ技で九条を作って、戦争放棄も入れた。これが加藤さんの見立てです。

天皇発言も幣原案も「〇・五」が「一」にされた

鹿島　加藤さんのもう一つの論点は、『マッカーサー回想録』（現在は『マッカーサー大戦回顧録』上・下〈中公文庫BIBLIO20世紀〉）という有名な本に書かれている天皇発言をめぐる問題です。マッカーサーを訪ねた昭和天皇が「全責任は私が取りますからお願いします」と言ったという話ですね。しかし加藤さんが調べたところ、「全責任」とまでは言ってない。「私はどうなろうと構わないから」とも言ってない。戦争は東條一派が始めたことだとして、自分はそれを日本国の元首として認めただけだという形で、限定的な責任だけを認めたらしいんですね。しかしマッカーサーは「全責任を自分が負うと言った天皇は素晴らしい」といった話を密かにリークして日本人を感動させ、天皇免責への布石を打ったんです。

『マッカーサー回想録』には九条についても書かれています。一月二四日に幣原喜重郎が、ペニシリンか何かを世話したお礼を述べにやってきた際に、日本国憲法九条に書いてある絶対戦争放棄を提案した、とマッカーサーは書いているんですね。それに対して、「素晴らしい、それは俺も考えていたことなんだよ」と言った、と書いています。

しかしこれも加藤さんが調べてみると、どうやら幣原はそこまで言っていない。たぶん、先ほど言ったように、イタリア、フランス、ドイツと同じ相互主義に基づく戦争放棄というレベルの話です。ところがマッカーサーは、絶対戦争放棄は自分ではなく日本人の発想だと書いてしまいました。

加藤さんに言わせれば、幣原案も天皇の全責任説も、実際に言ったことは「〇・五」ぐらいのことなんです。天皇は「東條の責任だけれども、一応その認可責任は自分が負う」と言ったのが、「天皇が全責任を負う」ということになってしまった。まさに「〇・五」が「一」になってしまったんですね。幣原案も同じです。「〇・五」の戦争放棄が「一」の絶対放棄になった。この「〇・五」と「一」の差を加藤さんは問題にしているんです。

ところで、これは憲法学者も誰も言ってないことですが、阪急と宝塚を作った小林一三さんの『小林一三日記』によると、小林は幣原内閣に復興院総裁という形で入っていたんですね。その一月一九日と二二日の閣議の記録を読むと、幣原喜重郎も、松本烝治という憲法担当国務大臣も、マッカーサープランを示されてビックリ仰天、声も出なかったという反応を記録しています。もし絶対平和憲法を幣原が起草したのなら、マッカーサー案を見てビックリするわけがありません。絶対平和主義がマッカーサーのアイデアであることを示す有力な証拠です。第一次大戦後、アメリカ大統領のウィルソンは、国連を完全に機能させることで世界平和の確立者になろうとしましたが、果たせませんでした。大統領を目指していたマッカーサーは、究極の「ドーダ（自己愛）」の人ですから、ウィルソンのできなかったことをやって歴史に名を残したかったのでしょう。

しかしマッカーサーは、全然平和主義者ではないんです。朝鮮戦争のときも、「元を断たなければ駄目」理論に基づいて、中国大陸に原爆を九個か一〇個ぐらい落とすことをトルーマンに提案しました。それで「いくら何でもそれはダメだ」と思ったトルーマンにクビを切られ、「老兵は消え去るのみ」と言い残してアメリカに帰ったんです。そこだけ見ても、平和主義者でも何でもありません。やはり日本国憲法は、マッカーサーの「ドーダ」によって生まれた。真実はそういうところなんです。だから、この平和憲法をマッカーサーが無理やり強引に押しつけたことをちゃんと理解した上で、どうしたらいいのか考えようぜ、というのが加藤さんの意見の基本です。

日本人の記憶の書き換え

高橋　そのとおりです。よく「押しつけ」という言い方はされますが、ある意味では「押しつけ」以上だった。日本のためというより、日本国をうまく占領して、政治家としてうまく立ち回るために何がいいかを考えた末に辿り着いたのが、天皇制を残して九条を作ることだったんですね。ある意味で、マッカーサーはものすごく勘がいい人だったと思います。日本人がこの憲法を支持するだろうという漠然とした予感があった。官僚や憲法学者たちが、そんなの絶対に無理だと言うほど非合理な内容であるにもかかわらず。

鹿島　野坂参三(のさかさんぞう)も無理だと言っています（笑）。

高橋　共産党の野坂参三でさえ無理だと言ったら、吉田茂がこれでいいんだと答えたんですから、いまとは逆ですよね。政権与党が護憲派だったんですから。国民もこの不合理な憲法を支持したのは、さっきも話したように、国体が天皇から憲法九条に変わっただけだったからです。実質的には何も変わっていない。東京裁判で天皇が免責されたことで、一部の戦犯を除くほとんどの日本人が免責されたんですよ。そこから記憶の書き換えが始まるんですよね。「俺も実は戦争に反対していた」とかよく言うじゃないですか。NHKの朝ドラでも、庶民はみんな戦争を嫌がっているように描かれます。これは本当なのか。

知識人も、たとえば憲法学者の宮沢俊義さんみたいに、権力が指し示す方向に流れていったわけです。師の美濃部達吉はただ一人、原理主義者のように真実を求め続けましたが、それ以外は左派も右派もみんな憲法九条にすり寄っていった。その後、憲法普及会というのができるんですね。文部省を中心に、一斉に憲法を称揚し始めたわけです。サトウハチローの作詞で「憲法音頭」まで作ったぐらいですよ。でも実はその憲法普及会のメンバーが、ほんの四年前には戦争遂行の歌を作っていた。同じメンバーが戦争遂行から平和憲法に横滑りして、それを反省している人間が一人もいない。そうやって、一九四六年から四年間かけて国民全体の集団転向が起こり、記憶の喪失と書き換えが進んだわけです。

たとえば原爆についても、日本人は記憶の書き換えを行ないました。戦争中は日本も東大や京大で原爆の研究をしていましたし、極秘でもなかった。実は庶民も知っていたそうです。巨大新型爆弾を製造してアメリカに落とす、という小説が、一九四四年には何冊か出ていました。でも戦後は、広島・長崎の原爆について自分たちは無垢の犠牲者だと思いたいがために、原爆を研究して敵地に落そうとしていた記憶はなかったことになっている。

本当は、ドイツも日本も研究していたけれども、残念ながらアメリカに先んじられたんです。被害者の顔をしているけれど、単に遅かっただけ。これも典型的な記憶の書き換えですよね。

日本人は、マッカーサーが大胆にやった憲法を受け入れることで、自分の記憶を正々堂々と書き換えられるようになりました。そういう意味では、マッカーサーと日本人の共犯なんです。そういう淵源がこの七五年という歴史の中で忘れられることによって、いまの状態になってしまいました。一九四六年まで遡って、そこで何があったかを思い出さないかぎり、護憲派と改憲派の不毛な対立は解消されないわけです。

日本国憲法は九条までが「前文」だと考える

高橋　一九四六年の淵源を辿ったとき非常に面白いのは、一条と九条がセットになっていたことです。マッカーサーは天皇を守るためにどうしても九条的なものが必要だったわけですが、他国の憲法ではこのあたりがどうなっているのかと思って、アメリカ、フランス、イタリア、ドイツ、それから王国のブータン、タイ、スウェーデン、オランダを調べてみたんです。

ざっくり言うと、どの国の憲法も基本形は一緒ですね。まず前文があって、その後に人権の条項が出てくる。これが基本的にすべての憲法のスタイルです。アメリカ憲法はちょっと違っていて、前文の次にいきなり議会が出てくる。人権条項は修正第一条から始まります。独立したときに、まず各州が集まって議会を作る必要があったので、そうなったのでしょう。いわば、そこまでが前文という感じです。

日本国憲法は前文に続いて、一章の一条から八条までが天皇条項、第二章の九条が戦争放棄で、第三章の一〇条が国民たる要件、一一条が人権。ほかの王国を調べてみたら、こんなふうに前文の後に王政のことを書いている憲法は一つもありませんでした。スウェーデンはそもそも王室典範が別のところにありますしね。憲法に書いてある国でも、人権と一緒に扱われていたり、その次に置かれていたりするんです。日本だけ異常に長い第一章が置かれているですよね。

それで考えたんですが、日本国憲法は前文、一章の天皇条項、二章の九条一項までが「前文」だと見なせばいいんじゃないでしょうか。そう考えると、世界の憲法とほぼ同じ構成になるんです。つまり、マッカーサーが作ったのは「前文」なんですよ。条文は国際法に合わせて書かなければいけないけれど、条文ではなく前文なら、ちょっとおかしなことを言ってもいいんですよ。前文で書くのは「国体」、つまりナショナル・アイデンティティーですから、主観的な主張でいいんです。

マッカーサーは、そういう「前文」を書いて日本政府に渡した。そのことに気づいていたのは、たぶん天皇機関説を唱えていた美濃部さんだけでしょう。美濃部さんがすごいのは、マッカーサー案に反対するだけでなく、ちゃんと自分の改正案を出しているところです。「占領軍の指揮の下で天皇が統治する」という案でした。一九四九年にできたドイツのボン基本法も戦争放棄条項を含んでいますが、これは一〇年間の時限憲法だったんですよね。この基本法は占領軍に言われて作ったもので、占領の軛(くびき)を離れてドイツ人が自立するまでの憲法だと書いてある。合理的でリアルです。美濃部達吉も合理的主義の人だから、そういう改正案が書けました。そういう時限憲法だったら、たぶん日本人は事実に直面できたと思うんですよ。しかし実際は「占領下の憲法」という現実から目を逸らし、前文から九条までに書かれた美しい夢を受け入れることで、天皇は延命し、日本人に罪がないということになったんです。

だから、これはマッカーサーと日本人の共犯なんですよ。それを思い出させる本が『9条入門』にほかならない。これはこれでまったく古くならないと思いますが、惜しいのは、加藤さんはまだ「この続きをやります」と書かれているのに、残念ながら亡くなられてしまいました。だから、僕はこの続きを何とか自分でやりたいと思っています。

「選び直し」か「書き直し」か

鹿島 私はいま、吉本隆明(よしもとたかあき)の『共同幻想論』を読み直すという連載をやっています。先ほど、同じメンバーが戦争遂行から平和憲法に横滑りしたという集団転向のお話がありましたが、吉本隆明の転向論も「そんなのおかしいだろ」というところから始まってるんですよね。吉本がとくに厳しく批判したのは、詩人の壺井繁治(つぼいしげじ)です。戦前は「鉄瓶に寄せる歌」という戦争賛美を詩を書いていたのに、戦後は同じ南部鉄瓶のモチーフを使った「鉄瓶の歌」という詩で平和と民主主義を讃えたんですね。吉本はこれを「南部鉄瓶を売らないでそのまま残しておいたのか」と文句をつけたわけです。

その吉本さんが天皇制を正面から論じた本があるですが、そこで彼は、天皇制自体が日本人のメンタリティを規定してはいるけれども、その淵源とマッカーサーの受け入れは同じではないかと、すごいことを言っています。彼は、天皇制の始まりよりも前に遡った「源日本人」というものを想定するんですね。そして源日本人は、上から接ぎ木のように体制が生まれたときに、それがまあまあ良い支配をする体制なら「ＯＫよ」と受け入れるような人々なのではないかと考える。だから、大昔に天皇制を受け入れたのと同じレベルで、マッカーサーを受け入れたのではないかというわけです。

すごいことを言っているんですが、そう考えると、日本人の豹変ぶりも理解できます。なにしろ、戦前は「出てこい、ミニッツ・マッカーサー」と敵対視していた日本人が、戦後は「マッカーサーさん、ありがとう」になっちゃったんですからね。うちの祖母なんて、マッカーサーと発音できなくて「マッカサさん」と親しげに呼んでいましたよ（笑）。マッカーサーがアメリカに帰るとき、「マッカーサー、ありがとう」という日本国民の署名がものすごく集まって大熱狂したんです。でもマッカーサーがアメリカ議会で「日本人の民衆レベルは一二歳だ」と証言したんで、マッカーサー熱はすっかり冷めてしまったんです。

日本人は熱しやすくて冷めやすい。これを吉本は、日本人は感性の貯金を過剰にする癖がある、と言っています。しかもその貯金の解約をしない、と。

ちなみに、高橋さんは現状の憲法に対する立場を五つに分類されましたが、僕自身の立場は六つ目で（笑）、いわゆる「再批准派」です。七五年前にマッカーサーから押しつけられたのだとしても、いまの日本国憲法をそのまま国民投票にかけて賛成多数で再批准したら誰も文句をつけないでしょう。七五年かけて自分たちのものになったならそれでいいじゃないですか、という考え方です。

高橋　なるほど。最初は気がついたらできていたようなものだから、日本人は一度も主体的に憲法を選んだことがない。だから改めて選ばせろという意見は多いですよね。それが六番目の立場なら、僕は七番目です（笑）。まず、ここには原理的な問題と現実的な問題があると思うんですね。そして、いま現実的に憲法を変えるとなると、悪いほうに変えるしかない。社会全体が右寄りになっているときに変えるのは危険だと思うので、改憲には反対です。改憲自体がいけないのではなく、「いまはヤバいだろう」というリアルな判断ですね。

一方、原理的な問題ならば、「選び直し」ではなく新たに「作れ」と言いたいです。現行憲法は良い憲法だと思いますが、書き手は誰だったんだろうという疑問が生じたので、もう一度自分たちでちゃんと書くべきだと思うんですよ。ただし憲法制定権力のことを考えると、これには難しい側面もあります。「私がやります」と主体的に憲法を作ると、革命になってしまうんですよね。しかし、すべて平和的に変えるのも難しいので、僕は新しい理念のもとで書き直すのがベストだと思っています。

なぜかというと、僕は天皇制廃止論者なんですよ。だって、現行憲法の第一章は天皇に対しての人権侵害でしょう？　これはよく長谷部さんとも議論するんです。「これ人権侵害ですよね？」と聞いたら長谷部さんも「はい」っておっしゃるんですね。でも「いいんですか」と問い詰めると、「いや、良い悪いじゃなくて」みたいなことになっちゃうんですよ（笑）。

結局、いまの憲法を作るときに人権の離れ島として天皇制を残したので、第一章と第三章の人権条項は矛盾しているんです。九条の矛盾より、実はこちらの矛盾のほうがひどい。だって、職業選択の自由をはじめとして何の自由もない人が国の「象徴」として存在するんですよ。こういうのは、他国の憲法にはありません。だから、削除しないとダメです。天皇制はなくして、天皇家の方々には京都に戻って宗教法人をやってもらうのがいいんじゃないかと僕は思っています。

それと同時に「国民」の定義も変えるべきだと思っていますが、そんな書き直しがいまの社会で本当にやれるかというと、議論の結果、もっとひどい憲法になる可能性のほうが高いでしょう。だから、原理的にも、現実的にも、変えるという選択肢は難しい。だから、とりあえず護憲ということになるんです。

相互主義とは「赤信号　みんなで渡れば　怖くない」のこと

高橋　ただし九条に関してだけは、この本で紹介されている伊勢崎案などを見ると、このまま矛盾を放っておいてはいけないような気もします。「二重人格」でいることが日本人にとって良かった時代もあったけれど、このまま続けると本当にクレイジーになってしまう恐れがあるので、九条は変えるべきだと思います。具体的には、自衛隊をすべて国連軍に入れてしまう。国連軍は、国連憲章で創設を謳(うた)っていますが、常備軍はまだ一度もできていません。いまの国連軍は、何かあった場合、その時その時で作っている国連軍ですからね。しかし日本が資材を全部提供して国連常備軍を作っちゃえば、自衛隊を全部「UN」にできるでしょう。そうなれば、米軍にも出て行ってもらえます。日本は国連軍が守ることになるから。

これ、実はすでに提言していた人がいるんです。小沢一郎(おざわいちろう)です。小沢さんは、自衛隊の半分を国連軍に渡すという案を出したことがあるんですね。憲法改正をしないでそれをやろうとしたのは、なかなかすごいことです。

さっきの話でいえば、幣原が考えた相互主義で担保するのが国連です。最終的には国連常備軍が保障するという考え方は、なかなか実現はしませんが、僕は王道だと思います。憲法九条をその方向に変えるのは現実的な議論になり得るし、意外と誰も抵抗できない話なんですよ。国連軍は正式な軍隊だから、ちゃんと軍法もあります。

鹿島　相互主義というのは意外とわかりにくい概念なんですが、ビートたけしの「赤信号みんなで渡れば　怖くない」のことだと思えばいいんですよね。戦争放棄や交戦権の否定も、みんなで一斉にやれば怖くない。これはやってみると意外に現実的で、第二次世界大戦後に冷戦が起こる前は、みんな国連とはそういうものだと考えていたんですよ。しかしそれが冷戦をきっかけに機能しなくなってしまった。そして、いまは第二次冷戦のような状況ですよね。中国が当面の敵だと思っていたら、ソ連がトマホークを数倍上回るようなすごいミサイルを開発中というニュースまで入ってきましたから。いま私が凝っている家族人類学的にいうと、英米仏の核家族国家対ロシア・中国型の共同体家族との新冷戦があり得るかなと考えています。

その家族の話でもう一つ憲法の話をしておくと、意外と重要なのは第二四条なんです。そこには、結婚は両性の合意に基づく、つまり個人と個人が出会うことによって家庭を作ると書かれています。それまでは「家」の許可のもとに結婚していたわけですから、歴史人類学とか家族人類学の立場からいうと、大日本帝国憲法が日本国憲法に変わったことで、旧来の直系家族システムの社会が核家族システムの社会に変わってしまったことになる。

　遠くローマの時代まで遡っても、家族制度まで変えさせた占領者はいません。しかし日本人は強く抵抗したわけでもなく、「それはイケる」と感じて受け入れたように思うんです。それは、もともと日本人の中に直系家族のほかに核家族が半分入っているからでしょう。そう考えると、日本国憲法が日本人に馴染んでしまったのは、もともと日本人には核家族的な思考法があったからではないかというのが僕の感想です。ところが、いまの自民党の改正憲法案では、第二四条に家族条項を入れるという話になっていますよね。要するに直系家族憲法に変えようということです。その背後にいる日本会議は「日本直系家族会議」と呼んだほうが正しいでしょう。九条問題だけに注目していると、家制度が復活しかねないので気をつけなければいけません。直系家族そのものは別に悪くないんですが、それがイデオロギーまで高まるとちょっと危険です。

「考える」とはどういうことか

高橋　若い世代に憲法のことを伝えることを考えても、九条にだけ注目していてはダメなんですよね。僕は大学で教えていますが、若い人や子どもたちに九条のことを教えようとすると、すごく時間がかかって遠回りになるんですよ。なぜかというと、これは大人たちも同じなんですが、みんな社会的に洗脳されているからです。一〇年、二〇年、三〇年かけて、社会的に教えられる言葉や概念をそのまま内面化している。それを解きほぐすのは容易じゃありません。

もちろん、いまのこの対談のように、単体のテーマとして説明に時間をかけることもできますが、それ以前に、「物事を考えるとはどういうことか」とか「人の意見を疑う」とか「なぜ嘘をついてはいけないか」とか、そういう話から始めなければいけない。これは教育の問題なんです。だから九条のことだけ話していても仕方がないと思います。九条はある意味で象徴的な問題ですけれど、それを含めて、そんなに長いわけではない人生の中で、物を考えるのは大変だけども大切だし、しかも楽しいということを、いわば愚直に語っていく。その延長上に九条があるんですよね。
目の前で九条を改悪する話をされれば「そんなバカなことがあるか」と焦りを感じたりもしますが、そこだけで焦っていたのでは、僕たちの足元が揺らいでしまう。だから、これには二面があるんです。じっくり時間をかけて考えるという悠長なことをやると同時に、何か起こったらデモに行くとかね。緊急性と永遠性の両方が必要なんですよ。そういうスタンスで対処していくしかないですね。

鹿島 僕は長く教育を仕事にしてきましたが、ベースにしてきた考え方の一つは、「それを自分の立場に引き受けて考えてみろ」ということです。たとえば、これは吉本隆明の本で読んだ話ですが、日本人に「あなたは究極の選択を迫られた場合に国を取りますか、それとも自分と自分の家族を取りますか」と問うと、ほとんどの日本人は「国を取るか自分を取るかは別に二者択一ではない」と答えます。これが日本的な考え方。ところがフランス的な考え方は違うんですね。仮定であってかまわないから、どっちかをかならず取らせる。そして、その選択の理由を徹底的に考える。これが核家族的な考え方です。
日本人は、そういうことを一度も突き詰めて考えたことがない。その次に「もし外国が攻めてきたら、あなたは武器を持って自分で戦いますか」と問うたら、日本人の多くは「そのときになってみなければわからないが、戦う人がいたら応援する」という答えが絶対多数だというんです。いま攻撃を受けたら「自衛隊さん頑張ってください」と応援するけど、自分自身や自分の子どもを自衛隊に入れて戦わせることができるか否かということまで考えたら、「んんん」と思考停止になっちゃうんですね。でも本来は、そうやって二者択一の問いを突きつけておいて、どちらかを選ぶ理由をギリギリのところまで考えさせる。それと同時に、反対の立場を選んだ場合のことも考えさせる。「考える」訓練とはそういうことだと思います。そして、その考え方のルールを教えるのが教育の使命だと思います。

高橋源一郎が薦める
関連図書

『憲法と平和を問いなおす』
長谷部恭男 ちくま新書 2004年
「憲法九条」を「立憲主義」の視点から考えた必読書。

『学問／政治／憲法：連環と緊張』
石川健治（編集） 岩波書店 2014年
難解だが、学問・政治・憲法の関係について本質的問題を把えた。

『憲法講話』
美濃部達吉 岩波文庫 2018年
偉大な憲法学者の古典。いまこそ読むべき。

『敗者の想像力』
加藤典洋 集英社新書 2017年
「戦後」について考える人々の必読書。

「ALL REVIEWS 友の会」について

主宰　鹿島　茂

ALL REVIEWSでは、「ALL REVIEWS 友の会」という公式ファンクラブを設けています。ただのファンクラブではなく、右肩下がりと言われる出版業界を書評という切り口で盛り上げてく「行動するファンクラブ」を目指しています。従来の「ファンクラブ」と、「オンラインサロン」をミックスさせたコミュニティだと考えていただくとよいかもしれません。主な活動は次の4つです。

①月2回「今月必読の本」を紹介する限定のYouTube番組「月刊ALL REVIEWS」が閲覧できます

「月刊ALL REVIEWS」は、書評家・豊崎由美さんと、私、鹿島茂がそれぞれ「今月必読の本」を紹介する会員限定の生放送YouTube番組です。豊崎さんは「フィクション」を、鹿島は「ノンフィクション」を担当し、毎回豪華ゲストをお招きしディスカッションを展開します。生放送は収録現場で観覧することも可能です。

※「月刊ALL REVIEWS」は生放送時に、会員である方のみ、ライブ視聴及びアーカイブ映像の視聴が可能です。

②専用のオンラインコミュニティ(Facebook非公開グループ／Slack)へご招待

会員のみで構成されるFacebookの非公開グループ／Slackへご招待します。本好きしかいない濃密なコミュニティで、読書や出版に関しての交流が可能です。

※Facebookはお知らせやイベント観覧募集、Slackではディスカッションという役割です。

③「ALL REVIEWS」を使ったさまざまな企画立案が可能

②のFacebook非公開グループでは、「ALL REVIEWSを使ったコンテンツ」を自由に考え、参加者のスキルを活かして、実現に移していくことも可能です。オンラインで話し合いながら、「ファンが見たい、参加したい、オリジナルコンテンツ」を作り出していきます。

「友の会」会員が企画立案、実現したイベントや施策例

［ALL REVIEWS書評家と行く書店ツアー@東京堂書店」（2019）
「ALL REVIEWSに参加する書評家と書店内をくまなく巡り、その場でさまざまなジャンルの『おすすめ本』を教えてもらえる」という贅沢なツアーもあります。
第1回ナビゲーター：鹿島茂（仏文学者）
第2回ナビゲーター：沼野充義さん（ロシア・東欧文学者）

［日本マンガ学会海外マンガ交流部会コラボ企画］（2019）
バンド・デシネ翻訳家・原正人×仏文学者・鹿島茂「フランス絵本とバンド・デシネの世界」をテーマにしたトークイベント。

［2020年夏休み企画〈書評でGo on a Trip!〉］（2020）
企画／編集／構成を「友の会」会員が担当。「世界各地を〈書評〉で巡る」というWEBコンテンツ。ALL REVIEWS上にて公開です。

［メールマガジン「週刊ALL REVIEWS」］
会員有志が企画／運営。発行部数1000部を超えるメールマガジンに成長しました。

［ALL REVIEWS 友の会・公式note／Twitterアカウント］

会員有志が企画／運営。
・公式Twitter　https://twitter.com/a_r_tomonokai
・公式note　https://note.mu/allreviewsjp

④ＡＬＬ ＲＥＶＩＥＷＳ関連イベントの優待招待

◆内田樹×鹿島茂「書評家たちに学ぶ『名著深読み術』」（２０１９）
◆鴻巣友季子「本を愛する人たちのためのワイン会―Diverse wines selected under the theme of "Awakening"」（２０１９）
◆深田晃司監督と行く書店ツアー@誠品生活日本橋（２０２０）
◆スペシャルオンラインサマースクール 鹿島茂「三代の王とヴェルサイユの名花」（２０２０）
など、ＡＬＬ ＲＥＶＩＥＷＳ関連イベントに無料招待／優待などが受けられます。

●会員の声

「『ＡＬＬ ＲＥＶＩＥＷＳ友の会』は読書のライブ会場だと思っていただければ幸いです。観客、演者、スタッフ、プロデューサー。どう楽しむかは自由です。きっとどれも楽しいですよ」（しげるさん）
「フッーの本好き老人が友の会で活動したら世界が魅力的に拡大した。憧れの書評家と会話できるイベントにも出席し天国的読書生活を満喫中」（hiro さん）
「19世紀のフランスの装丁本の前で、お気に入りの書評家の書評を聴く楽しみ。あなたの愛読書も『月刊ＡＬＬ

REVIEWS』でとりあげられるかも」（くるくるさん）

「ぼくは、月刊ALL REVIEWSをいつも生で観覧しています。対談の中心者である書評家・豊崎由美さんは、『週末にこんな対談に来るなんて、リア充じゃない証だわ』と言っていましたが、読書家にとっては、そこにいることこそが、リア充なのです！」（悠太郎さん）

「『友の会』はまだ黎明期。だからこそいま面白い。『友の会』が大きくなって、参加者が増えてくれれば、出版業界や書店業界を動かせるのではないかと感じています。いずれにせよ、楽しみ方はひとそれぞれ！　読書好きは間違いなく楽しめると思います」（匿名希望）

●「ALL REVIEWS 友の会」はコンテンツ制作所になるかもしれません

「ALL REVIEWSを使ったコンテンツ」を自由に考えて実行に移していくことこそが、「ALL REVIEWS友の会」の一番の醍醐味かもしれません。「出版業界が盛り上がる」仕掛けも考えていければよいと考えています。

詳しくは「ALL REVIEWS友の会」で検索、または左記、ALL REVIEWS上の「友の会」ページにて。「新しい書評のあり方」を探すため、どうぞお力をお貸しください。皆様のご参加をお待ちしております。

「ALL REVIEWS 友の会」紹介ページ　**https://allreviews.jp/tomonokai**

いままでのゲストと読み解いた本

［フィクション部門］

第1回：柴崎友香さん（小説家）
　呉明益、天野健太郎訳『自転車泥棒』（文藝春秋）

第2回：牧眞司さん（SF研究家、文芸評論家）
　ジョルジュ・ペレック、塩塚秀一郎訳『パリの片隅を実況中継する試み』（水声社）

第3回：杉江松恋さん（書評家）
　木下古栗『人間界の諸相』（集英社）

第4回：倉本さおりさん（書評家）
　金子薫『壺中に天あり獣あり』（講談社）

第5回：朝倉かすみさん（小説家）
　氷室冴子『さようならアルルカン』（集英社）

第6回：平松洋子さん（エッセイスト）
　河﨑秋子『肉弾』（KADOKAWA）

第7回：川崎徹さん（演出家、小説家）
　サミュエル・ベケット、岡室美奈子訳『新訳ベケット戯曲全集1 ゴドーを待ちながら／エンドゲーム』（白水社）

第8回：米光一成さん（ゲーム作家、ライター、デジタルハリウッド大学教授）
　ピョン・ヘヨン、姜信子訳『モンスーン』（白水社）

第9回：トミヤマユキコさん（ライター、東北芸術工科大学講師）
　山崎ナオコーラ『趣味で腹いっぱい』（河出書房新社）

第10回：古屋美登里さん（翻訳家）
　ジェイン・オースティン、小尾芙佐訳『高慢と偏見』（光文社）

第11回：藤井太洋さん（小説家）
　島尾ミホ『海辺の生と死』（中央公論新社）

第12回：杉江松恋さん＋倉本さおりさん
　スペシャル回「あのとき紹介したかった本2019」

第13回：牧眞司さん（ＳＦ研究家、文芸評論家）＋スペシャルゲスト柴田元幸さん
エリック・マコーマック、柴田元幸訳『雲』（東京創元社）

第14回：阿部賢一さん（東京大学准教授、チェコ文学者）＋スペシャルゲスト佐藤亜紀さん（小説家）
佐藤亜紀『黄金列車』（ＫＡＤＯＫＡＷＡ）

第15回：ゲストなし
スペシャル回「トヨザキ社長に質問したおす1時間」

第16回：大森望さん（書評家、ＳＦ翻訳家、ＳＦアンソロジスト）
スペシャル回「芥川・直木賞の『選評』めった斬りスペシャル」

第17回：ゲストなし
スペシャル回「フーテンのトヨさんオンライン」

第18回：徳永京子さん（劇評家）
市原佐都子『バッコスの信女―ホルスタインの雌』（白水社）

第19回：星野智幸さん（小説家）
ベルナルド・アチャガ、金子奈美訳『アコーディオン弾きの息子』（新潮社）

第20回：大森望さん（書評家、ＳＦ翻訳家、ＳＦアンソロジスト）
スペシャル回「芥川・直木賞の『選評』めった斬りスペシャル」

第21回：杉江松恋さん（書評家）
宇佐見りん『かか』（河出書房新社）
宇佐見りん『推し、燃ゆ』（河出書房新社）

第22回：上田早夕里さん（小説家）
マーガレット・アトウッド、鴻巣友季子訳『誓願』（早川書房）

第23回：広瀬大志さん（詩人）
「詩人・西脇順三郎」を読む

第24回：杉江松恋さん＋倉本さおりさん
スペシャル回「あのとき紹介したかった本２０２０」

［ノンフィクション部門］〔◎は本書収録の回〕

第1回：原田マハさん（小説家）
フィリップ・フック、中山ゆかり訳『ならず者たちのギャラリー誰が「名画」をつくりだしたのか？』（フィルムアート社）

◎第2回：成毛眞さん（書評サイト「HONZ」代表）
更科功『絶滅の人類史：なぜ「私たち」が生き延びたのか』（NHK出版）

第3回：巖谷國士さん（仏文学者）
デレク・セイヤー、阿部賢一・宮崎淳史・河上春香訳『プラハ、二〇世紀の首都：あるシュルレアリスム的な歴史』（白水社）

第4回：島田歌穂さん（女優、歌手、大阪芸術大学芸術学部教授）
デイヴィッド・ベロス、立石光子訳『世紀の小説「レ・ミゼラブル」の誕生』（白水社）

第5回：泉麻人さん（コラムニスト）
ロバート・ホワイティング、玉木正之訳『ふたつのオリンピック東京1964／2020』（KADOKAWA）

第6回：本村凌二さん（歴史学者）
ユヴァル・ノア・ハラリ、柴田裕之訳『サピエンス全史：文明の構造と人類の幸福』（上・下）（河出書房新社）

第7回：原正人さん（バンド・デシネ研究家、翻訳家）
マリー・ポムピュイ、ファビアン・ヴェルマン作、ケラスコエット画、原正人訳『かわいい闇』（河出書房新社）

◎第8回：高橋源一郎さん（小説家、明治学院大学名誉教授）
加藤典洋『9条入門』（創元社）

◎第9回：内田樹さん（思想家、武道家、神戸女学院大学名誉教授）
カール・マルクス、植村邦彦訳『ルイ・ボナパルトのブリュメール18日』（平凡社）

第10回：アニエス・ポワリエさん（ジャーナリスト、作家）
アニエス・ポワリエ、木下哲夫訳『パリ左岸1940－50年』（白水社）

第11回：高遠弘美さん（仏文学者）
マルセル・プルースト、高遠弘美訳『失われた時を求めて』（光文社）

第12回：松原隆一郎さん（社会経済学者）
岡奈津子『〈賄賂〉のある暮らし：市場経済化後のカザフスタン』（白水社）

◎第13回：楠木建さん（一橋ビジネススクール教授）
ジーナ・キーティング、牧野洋訳『NETFLIXコンテンツ帝国の野望：GAFAを超える最強IT企業』（新潮社）

◎第14回：出口治明さん（立命館アジア太平洋大学（APU）学長、ライフネット生命創業者）
『論語』（岩波書店）

第15回：島津有理子さん＋スペシャルゲスト秋満吉彦さん
鹿島茂『「レ・ミゼラブル」百六景』（文藝春秋）

第16回：猪瀬直樹さん（作家）
猪瀬直樹『「医療・介護産業」のタブーに斬りこむ！日本国・不安の研究』（PHP研究所）

◎第17回：磯田道史さん（歴史家、国際日本文化研究センター准教授）
速水融『日本を襲ったスペイン・インフルエンザ：人類とウイルスの第一次世界戦争』（藤原書店）

第18回：ゲストなし
スペシャル回「STAY HOMEのための読書術」

第19回：先崎彰容さん（倫理学者、日本思想史研究者）
吉本隆明『共同幻想論』（KADOKAWA）

第20回：武田砂鉄さん（フリーライター）
武田砂鉄『わかりやすさの罪』（朝日新聞出版）

第21回：ジェームス・M・バーダマンさん（早稲田大学名誉教授）
ジェームス・M・バーダマン、森本豊富訳『地図で読むアメリカ』（朝日新聞出版）

第22回：ドミニク・チェンさん
ドミニク・チェン『未来をつくる言葉：わかりあえなさをつなぐために』（新潮社）

第23回：じゃんぽ～る西さん＋カリン西村さん
じゃんぽ～る西＋カリン西村『フランス語っぽい日々』（白水社）

第24回：柳瀬博一さん（東京工業大学リベラルアーツ研究教育院教授）
柳瀬博一『国道16号線：「日本」を創った道』（新潮社）

本書は「月刊ＡＬＬ ＲＥＶＩＥＷＳ」での対談書評をもとに、新たに構成、大幅に加筆し書籍化しました。

本書の対談文字起こしは、書評アーカイブWEBサイトＡＬＬ ＲＥＶＩＥＷＳ（https://allreviews.jp）のファンクラブ「ＡＬＬ ＲＥＶＩＥＷＳ 友の会」及び「ＡＬＬ ＲＥＶＩＥＷＳ サポートスタッフ」有志にて行なわれました。

【Special Thanks】
川瀬康子／三樹 愛／小島ともみ／鮓谷京子／井上里恵子／松浦陽子／豊永真美／川越朋香／福地博文／福間 恵／津田啓子／篠﨑祐子／栗田ばね／神澤 透／コヤマ／保田智子／樹神貴子／鷺 奈美／大鷲美里／滝沢由美子／石井智美

この1冊、ここまで読むか！
超深掘り読書のススメ

令和3年2月10日　初版第1刷発行

著　者　鹿島　茂
　　　　楠木　建
　　　　成毛　眞
　　　　出口治明
　　　　内田　樹
　　　　磯田道史
　　　　高橋源一郎

発行者　辻　浩明

発行所　祥伝社
〒101-8701
東京都千代田区神田神保町3-3
☎03(3265)2081(販売部)
☎03(3265)1084(編集部)
☎03(3265)3622(業務部)

印　刷　堀内印刷
製　本　積信堂

ISBN978-4-396-61752-3 C0095
Printed in Japan
祥伝社のホームページ・www.shodensha.co.jp